山西省"十四五"职业教育规划立项建设教材

特殊学校班级管理与建设

主 编 / 翟海珍

副主编 / 刘宇晟

重庆大学出版社

图书在版编目(CIP)数据

特殊学校班级管理与建设 / 翟海珍主编 . --重庆:
重庆大学出版社,2024.2
高等院校特殊教育新形态教材
ISBN 978- 7- 5689- 4355- 0

Ⅰ.①特…　Ⅱ.①翟…　Ⅲ.①特殊教育—班级—学校
管理—高等职业教育—教材　Ⅳ.①G76

中国国家版本馆 CIP 数据核字(2024)第 044561 号

特殊学校班级管理与建设
TESHU XUEXIAO BANJI GUANLI YU JIANSHE
主　编　翟海珍
副主编　刘宇晟
策划编辑:陈　曦
责任编辑:李桂英　　版式设计:陈　曦
责任校对:谢　芳　　责任印制:张　策
*
重庆大学出版社出版发行
出版人:陈晓阳
社址:重庆市沙坪坝区大学城西路 21 号
邮编:401331
电话:(023) 88617190　88617185(中小学)
传真:(023) 88617186　88617166
网址:http://www.cqup.com.cn
邮箱:fxk@ cqup.com.cn(营销中心)
全国新华书店经销
重庆市国丰印务有限责任公司印刷
*
开本:787mm×1092mm　1/16　印张:15　字数:259 千
2024 年 2 月第 1 版　　2024 年 2 月第 1 次印刷
ISBN 978-7-5689-4355-0　定价:54.00 元

编委会

主　编：翟海珍

副主编：刘宇晟

参　编：（按姓氏拼音排序）

曹守利　常　卓　程瑞环　翟海珍

古　叶　侯淑萍　焦丽英　冷　梅

刘宇晟　毛小波　秦春婷　熊　瑶

杨正刚　赵　娜

随着特殊教育的全面发展，新时代对教师队伍提出了更高水平的专业要求。特殊学校班级管理是特殊教育专业师范生的必修课，他们现在是学生，将来则是学科教师，协助管理班级，或直接承担班主任工作。因此，师范生要掌握班级组织与建设的工作规律与基本方法，能够将立德树人根本任务落实在班级管理实践活动中，能够运用"以人为本"、积极行为支持等管理策略，预防、干预特殊需要学生的问题行为，促进学生德智体美劳全面发展。本书源自使用多年的特殊学生班级管理课程讲义，充分考虑了各类特殊需要学生的身心发展特点，并吸收了普通学校班级管理的最新成果，将思想政治教育融入班级管理，实现班级育人目标。本书将习近平总书记提出的"四个引路人"理念融入课程，让学生在课程学习中，坚定特殊教育理想信念，锤炼为人师表品格，不仅成为"有爱心""懂勤奋"的教师，更要成为建设班集体、应对班级管理问题时"足智多谋""本领出众"的教师。

《特殊学校班级管理与建设》不仅适合师范专业的学生阅读，还适合从事特殊教育工作的人员阅读，包括行政管理人员和教育科研人员；既可以作为师范生的专业教材，也可以作为班主任岗位培训教材。本书能让读者全面、系统地了解特殊学校班级管理的复杂性与专业性。每章均有引言、学习目标、本章小结、讨论与探究，以便读者自主学习与交流探究。本书的特点主要是立足于特殊学校班级管理的实际，整体考虑盲校、聋校、培智学校，兼顾学前、小学、中学，在原有一般认识的基础上，提升理论素养，做到了理论指导实践；让读者能从更高层次的视角认识班级管理育人的重要意义，感悟"平凡"之中孕育"不平凡"的真谛。

本教材的创新之处主要表现为四个方面：一是注重课程思政，重视立德树人，从专业角度配备了课程思政拓展模块，为在教学过程中培养学生正确的价值观提供保障；二是利用"互联网+"信息化技术助学模式，配套"特殊教育个别化教学云平台"，将更多课程资源以二维码的形式呈现在教材中，拓展资源呈现便捷式、多元化、立体化特点；三是本教材以活页式呈现，符合新形态教材的要求；四是本教材编写组成员由特殊教育学校一线专业教师和高校特殊教育教师组成，是校企合作的成果，体现了校企联合开发"双元"特色。

本书由阳泉师范高等专科学校的翟海珍和太原市聋人学校的刘宇晟负责统稿。各章节分工如下：泉州师范学院的杨正刚负责第一章，阳泉师范高等专科学校的常卓与古叶负责第二章，太原市聋人学校的刘宇晟负责第三章和第十二章，惠州市特殊学校的熊瑶负责第四章，辽宁特殊教育师范高等专科学校的曹守利负责第五章，太原市聋人学校的刘宇晟与襄阳职业技术学院的毛小波负责第六章和第十章，太原幼儿师范高等专科学校的程瑞环负责第七章，广西幼儿师范高等专科学校的秦春婷负责第八章，阳泉师范高等专科学校的翟海珍负责第九章和第十三章，太原市聋人学校的冷梅负责第十一章。

线上拓展资料由阳泉师范高等专科学校赵娜负责视障教育思政微课"方寸六点间，人间真情在"，阳泉师范高等专科学校常卓负责听障教育及无障碍思政微课"有爱无碍——科技助力听障人群走出'无声世界'"，阳泉师范高等专科学校古叶负责班级管理之心理学基础思政微课"弘扬工匠精神，锤炼注意品质"，阳泉师范高等专科学校侯淑萍负责班级管理之教育学基础思政微课"但向耕耘，莫问酬答"的园丁精神，阳泉师范高等专科学校焦丽英负责班级管理之教育心理学思政微课"学习的实质"。

另外，感谢刘宇晟和杨正刚对全书文字的订正，感谢为本书提供资料的各兄弟特殊学校与各位同仁，以及本书各章节撰稿人。

由于时间仓促，书中难免有疏漏之处，敬请斧正。

翟海珍

2024 年 3 月

目　录

项目一 特殊学校班级管理的理论基础

本章旨在介绍班级、班级管理的基本概念和理论,使读者对特殊学校班级和班级管理有清晰的认识。明确班级管理的相关概念和理论是进行实践技能学习的前提,理解特殊学校班级管理的基本理论,有利于形成对特殊学校班级管理的整体认识,进而实现对特殊学校班级各要素的科学管理,提升特殊学校班级管理质量,发挥特殊学校班级在立德树人方面的作用,也有利于形成新时代背景下特殊学校班级管理的新理念。

学习目标

1.理解班级和班级管理的定义,了解班级和班级管理的相关概念。

2.掌握特殊学校班级管理的基本理论,能够运用相关理论解释班级管理中的教育现象。

3.知道特殊学校班级管理课程的意义,了解学习特殊学校班级管理的基本方法。

任务一 特殊学校班级管理的概念和理论

对班级和班级管理的基本概念有正确的认识,是正确理解特殊学校班级和特殊学校班级管理的前提。正确理解特殊学校班级管理的基本理论是做好特殊学校班级管理的关键，是发挥班级育人功能、实现新时代教育目标的重要基础。

一、班级和班级管理

班级是学校教育教学中最基层的组织单位。班级管理既是一门科学，又是一门艺术。

（一）班级与班级管理的概念

1.班级

班级是教育理论研究和教学实践中的核心概念，明确班级的定义对于学习班级管理相关知识具有重要意义。我国最早使用"班级"作为教学与管理的基本组织形式，始于1862年清政府开设的京师同文馆。国外最早系统地提出"班级"一词的是文艺复兴时期尼德兰（今属荷兰）教育家埃拉斯莫斯，而系统论述"班级"理论并将班级作为组织形式开展教学与管理的教育先驱则是著名的捷克教育家夸美纽斯。

关于班级的定义，《实用教育大词典》将班级定义为学校为顺利进行教学工作而编制的组织。[①] 显然，这个定义不仅过于简洁，而且难以体现当前教育背景下班级的内涵、地位和作用。因此，近年来有不少学者对班级的概念提出了不同见解。

综合多个比较有代表性的观点，我们将班级的定义引述为：学校为实现一定的教育目的，把处于一定年龄阶段、文化程度大体相同、有着共同学习任务的学生按一定的人数规模建立起来的基层教育组织。

2.班级管理

学校是儿童青少年社会化的重要场所，班级管理是一种有目的的活动，这一活动的根本目的是使学生得到充分和全面的发展。我国港台地区使用"班级经营"一词，也有个别内地（大陆）学者使用"班级经营"代替"班级管理"。学界对班级管理的定义较多，几

---

① 王焕勋.实用教育大词典[M].北京:北京师范大学出版社,1995.

个典型的定义包括:有学者认为班级管理是指班级管理者(主要是指班主任)带领班级学生按照教育管理规律的要求,为了更好地实现教育教学目标而进行的一系列的活动。[①]有学者认为班级管理是班主任和教师通过对班级教育条件的理顺,采用适当的方法,建构良好的班集体,从而有效地推进有计划的教育行为的过程。[②]

本书将班级管理定义为:班级管理是班级管理者根据一定的目的要求,采用一定的手段措施,带领全班学生,对班级中的各种资源进行计划、组织、协调、控制,以实现教育目标的组织活动过程。这一定义强调:班级管理是一个过程,围绕教育活动展开;是班级管理者和学生共同参与的双向活动;班级管理的目的在于教育活动的顺利开展和目标达成。

(二)班级的构成特点与编制

1.班级的构成要素

班级是在学习活动中形成的严密的、复杂的组织,根据班级的自身特点,其构成要素可以划分为硬件要素和软件要素两大类。其中,硬件要素包括教师和学生、教育教学场所、教育资料等;软件要素包括班级目标、组织机构、班级活动、班风班纪、人际关系等。[③]

班级教育教学活动的主体由教师与学生构成,这两者也天然构成班级的核心要素。教师通常采用多种形式的教育资料,对特殊需要学生进行管理和教育。教育管理活动并不局限于教室和课堂,也可以发生在特殊学校的任何师生互动的场所,这些可以统称为教育教学场所。在教师的引导下,学生可以形成各种正式组织(如少先队)和非正式组织(如兴趣小组),并制定相应的行为规范和班级制度,形成积极向上的良好班风,影响班集体的每一个成员,使学生在各种班级活动中锻炼成长,最终实现班级的共同目标和特殊需要学生的个人发展目标。

2.班级的特点

班级的特点可以概括为教育性、组织性和社会性。首先,班级是学校生态系统中的

① 曹长德.当代班级管理引论[M].合肥:中国科学技术大学出版社,2005.

② 全国十二所重点师范大学.教育学基础[M].2 版.北京:教育科学出版社,2008.

③ 张作岭,宋立华.班级管理[M].3 版.北京:清华大学出版社,2019.

重要子系统,是学校和教师对学生实施教育的组织形式和时空场域,具有天然的教育属性,这种固有属性也是班级存在的核心价值。其次,班级是由学生组成的教学、管理单元,是典型的正式群体,必然具有群体组织的自身属性,包括组织的目标、组织的管理机构、组织的运行规范等,这些要素反映出班级这一学生群体的组织属性。再次,学生在班级中学习、生活、成长,使班级成为彼此深度交往的"小社会",任何成员都不可避免地与其他成员在班级的各种活动中产生广泛关联,学生个人和群体、班集体也在这一过程中逐渐形成共性价值观、人生观,甚至共同朝着某一理想目标而不断奋进,学生群体中丰富的人际交往与彼此间的影响使班级具有明显的社会性特点。

3.班级的编制

班级规模是影响教育质量的一个重要因素。以较小的班级规模开展教学,可以使每个学生都获得更多的参与课堂活动的机会,使他们能够主动参与课堂活动,进一步调动他们学习的积极性,激发他们参与教学活动的热情。研究发现,普通学校班级学生人数以不超过40人为宜,特殊学校班级学生人数则以10人左右为宜。下面介绍常见的两类班级编制模式。

(1)普通班与复式班

班级通常有普通班、复式班之分。普通班要求学生年龄大体相同,知识水平接近。同一学龄的各班组成年级,同年级中各班人数大体相同,教学进度基本一致,并安排教师专门负责。复式班,又称复式学级,是学级编制的一种,把不同年级的学生编制在同一课堂里,由一名教师用复式教学方法进行课堂教学。复式班有三种:a.单班复式:一个学校只有一个教室,所有各年级的学生都在一起同时上课。b.多班复式:学校有两个以上教室,实行一、二年级一个教室,三、四年级一个教室。c.单复式混合编班:例如五年级一个教室,一、二年级一个教室,三、四年级一个教室。[①] 在特殊学校中,通常每年9月新生入校时自然形成班级,所以多采用普通班制。个别地区因人数较少等,特殊学校也会因地制宜采用复式班制。

(2)固定班制与走班制

固定班制相当于普通班,即学生入学时随机分班而成的班级,这种班级在编班时不

---

① 王焕勋.实用教育大词典[M].北京:北京师范大学出版社,1995.

以学生的知识、能力和兴趣为依据,从形式上看是特殊学校实施行政管理相对固定的正式学生群体。显而易见,固定班制的优点是利于学校统一管理,缺点是不易满足特殊需要学生对教学的个性化需求,难以调动学生学习的主动性。与固定班制对应的教学形式为"走班制教学",走班制是根据学生的实际水平和兴趣愿望选择适合自己程度的课程和适合自己的教师所在的班去上课。走班制不同于固定班制中的分层教学,分层教学更多地指向分类教学与分类辅导。走班制并没有取消固定的班集体,它仍保留了固定班的形式,也不是全部课程都实行走班,而是某些课程实行走班上课,走班课程外的其余教学活动仍在原班进行。走班制有上下走和平行走两种模式:平行走或分层走班制是在同一年级的学生进行选班、选课、选教师;上下走班制或跨年级走班制是学生在不同年级进行选班上课。① 目前,大部分特殊学校开展的兴趣活动、康复课程与职业课程采取的是走班制。

走班制模式中,学生可以自主选课、走班教学,在不同的课程中接触更多老师,结识新同学,潜移默化中提升了学习的主动性,在一定程度上帮助学生提高学习热情。但走班制在实践中也存在一些问题,表现为管理难度较大,可能需要更多的教室与教师,部分自控力不强的学生更难有效安排自己的学习。

二、特殊学校班级管理

特殊教育学校简称特殊学校,其班级和班级管理既有普通学校班级和班级管理的共性,又有其特殊性,这是由学生的特殊性所决定的。因此,我们要分析清楚特殊学校班级与班级管理的特殊性。

(一)特殊学校班级与班级管理的概念

1.特殊学校班级

特殊学校班级,即特殊教育学校中的班级。特殊学校是对特殊需要学生实施教育的

---

① 陈育梅.班级授课制与因材施教[J].新乡教育学院学报,2003,16(2):23-25.

形式之一,在我国特殊教育体系中起骨干作用。① 特殊学校班级是由特殊需要学生构成的基层教育组织,在课程设置、教材、教具和学具、教学设备、校舍建筑等方面均不同于普通学校的班级。以山西省为例,特殊学校的师生比为 1∶3,班级学生数一般为 10 人左右。

特殊学校班级的概念要注意与"特殊班"相区分。特殊班是对特殊需要学生实施教育的一种形式,又称为特殊教育班,是我国特殊教育体系中的一种安置形式。特殊班一般附设在普通学校,也有的附设在医疗康复机构或某类特殊学校(如聋校附设盲生班)。② 特殊班有两种形式,一种是全日制特殊班,其教学形式及内容与特殊学校类似,学生由接受过特殊教育专业训练的教师负责全天的各种教育教学活动;另一种是部分时间制特殊班,特殊需要学生一部分时间作为一个集体单独由接受过特殊教育专业训练的教师上课(如语文、数学等),另一部分时间则与普通学生一起上课(如体育、音乐、舞蹈等)。由此可见,"特殊班"的典型特征是设置在普通学校或非对应特殊教育类型的特殊教育学校中。

2.特殊学校班级管理

特殊学校班级管理是在特殊教育学校中,由班级管理者(通常是班主任)根据一定的目标和原则,采取一定的方法和措施,以实现特殊需要学生全面发展为目标的班级管理活动。特殊学校班级管理的理论与实践,既充分体现教育特殊需要学生的育人本质,又必然包含教育管理的关键要素,涉及特殊教育与教育管理两个范畴。

国外对特殊学校班级管理定义较为宽泛,不仅包括教育资源的组织,也包含在特殊学校中对学生行为与发展的引导与约束。对特殊学校班级管理的理论探索方面,有社会学模式、生态学模式、生理学模式、精神动力学模式和行为模式等。但对于解决我国特殊学校班级管理的现实问题而言,多数观点与模式都未能给出成体系且具有较强可复制性的案例,相关理论对实践的指导作用还难以体现。③

作为教育者和班级的核心管理者,特殊教育教师必须明确,特殊学校班级管理是围

---

① 朴永馨.特殊教育辞典[M].3 版.北京:华夏出版社,2014.

② 朴永馨.特殊教育辞典[M].3 版.北京:华夏出版社,2014.

③ 雷诺兹,弗莱彻-詹曾.简明特殊教育百科全书[M].2 版.赵向东,等译.北京:求真出版社,2011.

绕特殊需要学生教育教学而展开,以教师(通常是班主任)为主导,教师和学生共同参与的动态过程。在特殊学校班级管理的过程中,教师应当遵循教育学、心理学和管理学的相关原则,采用适当的方法和措施,保证特殊班级各项活动的顺利开展和教育目标的最终实现。

（二）特殊学校班级管理的内涵与功能

特殊学校班级管理是特殊学校管理的有机组成部分,包括班级外部管理和班级内部管理两个方面。特殊学校班级外部管理是指特殊学校领导和有关职能部门对班级的管理,包括班级编制、委任班主任及开展各种以班级为单位的活动等,它起着决策、组织、指挥和控制的作用。特殊学校班级内部管理是指班主任和任课教师在学校领导下对班级的直接管理,是"班主任按照学校计划和教育目标的要求,充分利用和调动学生班级内外的力量,进行班级教育任务的组织、指导、协调、控制等各项活动"[①]。班级外部管理为班级内部管理创造条件,班级内部管理服从于班级外部管理,两者相互交叉,相辅相成。

特殊学校班级管理对于教育活动中的各方均有重要功能。从学校角度来看,班级管理有助于高效地组织和协调各方资源,服务教育教学活动,以实现教育目标;从班级的主要管理者(通常是班主任)角度来看,班级管理有助于教师维持班级秩序,通过调动班级成员参与班级管理的积极性,引导学生形成良好的班风班貌,进一步发挥班集体的育人功能。

对于特殊教育学生而言,班级管理中丰富的人际交往和复杂的社会性联系是其形成健康人格、提升能力素养和磨炼意志品质的良好机会。通过参与班级管理,特殊需要学生不但可以形成自主学习、生活和工作的良好习惯,还可以进一步掌握适应未来社会角色的基本技能。因此,特殊学校班级管理对学生的功能可以概括为以下两个方面。一是帮助特殊需要学生实现社会化。良好的班级管理不仅可以促使特殊需要学生树立正确的社会价值观,确立积极的生活目标,而且能够使其理解社会生活行为规范,形成良好的社会行为方式。教师在进行班级管理的同时,也在潜移默化地帮助特殊需要学生构建对社会生活的认知。二是促进特殊需要学生个体发展。通过班级管理潜移默化地教育特

---

① 　鲁洁.教育学[M].南京:河海大学出版社,1999.

殊需要学生,不但使其能够从班级管理活动中获得文化知识与生活技能,而且能够通过参与班级管理中的师生、生生互动,形成自身的社会性角色,促进其非智力品质的发展,满足个体多层次的情感需求。①

需要指出的是,特殊学校班级管理除具有上述正向功能外,还有可能具有负向功能,表现为班级管理过程中对教育学、心理学和管理学规律的违背或机械套用,导致管理者在管理过程中忽视特殊需要学生真实所需,对学生身心发展产生一定的消极影响。因此,特殊学校班级管理应以特殊需要学生的全面发展为根本,最大限度地满足学生的特殊教育需求,提升教育质量,实现新时代育人目标,发挥特殊学校班级管理的正向功能。

(三)特殊学校班级管理的内容

班级作为特殊学校实施教育的基本单位,其管理所涉及的诸方面对特殊需要学生的发展都具有重要的影响。特殊学校班级管理的内容,包括以下两方面。

一是从德、智、体、美、劳五育综合出发,将特殊学校班级管理的内容概括为德育管理、智育管理、体育管理、美育管理和劳动教育管理。在特殊学校班级管理中,注重德育为其他各育保证方向和提供动力的作用,加强政治教育、思想意识教育和道德品质教育,实现德育的现实性与理想性相结合。引导学生掌握科学技术和社会文化基础知识,掌握获取知识和研究问题、解决问题的方法与技巧,培养他们的多种能力,发展他们在学习和其他活动中的兴趣、情感和意志等。加强体育、美育管理,维护和促进学生身心健康,提升学生的美学素养,全面促进学校体育、美育与育人目标的深度融合。通过劳动教育使学生树立正确的劳动观点和劳动态度,培养学生热爱劳动和热爱劳动人民的情怀。

二是将特殊教育班级管理视为一个复杂的整体系统,通过班级的组织建设、班级的日常管理、班级的活动管理和班级教育力量的管理等多个方面,来实现班级管理的目标。班级的组织建设是班级管理的起点,通过科学合理的设计,确定班级的人数、管理机制、小组编排等。班级的日常管理包括思想管理、纪律管理和学习常规管理等。班级活动是班级活力的表现,加强对班级活动的指导与管理是新时代教育发展的必然要求。班级活动的管理要坚持有益性和多样性原则,从锻炼和教育学生出发,严格规范实施,实现活动

---

① 谭英海.班级组织建设的建构主义诠释[J].当代教育科学,2005(12):20-22.

的实效。班级教育力量的管理涵盖了对学校教育、家庭教育与社会教育三方面的组织与协调。

任务二 特殊学校班级管理的理论

普通学校在班级管理中的一些理论和做法,同样适用于特殊学校的班级管理。同时,基于特殊需要儿童身心发展的特点和特殊教育领域的理论研究成果,也可以归纳出适合特殊学校班级管理实践的专业理论。因此,特殊学校班级管理的相关理论可以分为基础理论和专业理论两部分。

一、特殊学校班级管理的基础理论

管理活动是伴随人类社会发展而发展的一种社会现象,越来越追求科学性,产生了许多经典理论。为了使特殊学校班级管理科学化,管理者须了解班级管理的科学理论,掌握班级管理的客观规律。

(一)管理学相关理论

管理学是研究管理规律、探索管理方法、建构管理模式,以便取得最大效益的一门学科。其中科层理论和人际关系理论对特殊学校班级管理有指导意义。

1.科层理论

科层理论是由德国著名社会学家、政治学家、经济学家、哲学家马克斯·韦伯提出的有关组织结构的经典理论。韦伯首先对其理论中的"统治"概念进行了定义,即人们普遍服从特定指令或全部命令,并不包括采用暴力的控制行为,所以其"统治"概念中更多地体现了被"统治"者服从指令或命令的自愿性。科层制正是特定权力的施用和服从关系的体现。韦伯认为,从社会现实来看,任何一种合乎需要的统治都有其合理性基础。韦伯将科层制视为高度理性化的组织机构的"理想类型",是现代社会中实施合法管理最典型、最纯粹的表现形式。科层制理论体现了其管理学思想中德国式的社会科学与美国式的工业主义相结合的特点。①

基于科层理论而提出的教育管理模型和模式数量众多,其中比较有代表性的是金字塔管理模式。金字塔管理模式首先确定的是处于金字塔顶层的核心管理者,其拥有终极权力和控制力。逐级向下的金字塔上,又有担负各种不同职责的专门化管理人员。在学校运行过程中,每个人都向其下属授权完成特定的工作,而每个人也都对自己职责范围内的任务负责,由此形成一个完整的学校管理层级体系。所以,显而易见,金字塔管理模式的优点是体系完备、分工明确,缺点是上层管理者需要协调各方活动及相互关系,其手段就是通过制定规则和条例,确保所有管理人员的思想和行动一致,进而为计划、组织和实施教学提供纲领和方针。

2.人际关系理论

人际关系理论是由行为科学创始人、美国管理学家埃尔顿·梅奥提出并运用实验加以证明的管理理论。人际关系理论认为组织运行中的人际关系是影响组织效率最重要的因素。为了论证这一观点,美国国家科学院的全国科学委员会和以梅奥教授为首的一批哈佛大学心理学工作者于1924年至1932年间在西方电气公司所属的霍桑工厂进行了一项长达九年的实验。实验结果表明,相较于经济利益等因素,社会交往、他人认可、归属某一社会群体等社会心理因素才是决定组织中的个体工作积极性的第一位要素。基于这一理论,梅奥主张从改善人际关系的角度出发,加强组织内部的协作关系,从而尽可能地调动人的主动性和创造性,达到激励成员发挥潜能的目的。

在班级管理中运用人际关系理论,应突出强调对"非正式群体"的关注。在班级这一正式的组织中存在着众多由学生自发形成的非正式群体,这些非正式群体对学生的行为起着调节和控制作用,其影响力甚至远超过正式群体,因此教师不能只关注班级这一正式群体而无视或轻视班级中由学生自发组成的非正式群体及其作用。那么,如何关注学生的非正式群体呢?最重要的是关爱学生,以生为本,发挥学生的主动性,积极引导非正

---

① 官欣荣.韦伯、米尔斯的"科层制"理论之比较[J].社会科学研究,1995(1):51-54.

式群体朝良好的方面发展。

（二）心理学相关理论

班级管理中的心理学原理非常丰富,这里仅介绍一些适用于整个班级的心理学理论,对提升班级管理能力具有指导性。

1.积极心理学

积极心理学是美国当代著名的心理学家塞里格曼·谢尔顿和劳拉·金提出的心理学研究新模式,是相对于消极心理学而言的。积极心理学致力于研究普通人的活力与美德,主张研究人类积极的品质,充分挖掘人固有的潜在的具有建设性的力量,促进个人和社会的发展,使人类走向幸福。[①] 积极心理学认为,心理学不仅仅应对损伤、缺陷和伤害进行研究,它也应对力量和优秀品质进行研究;治疗不仅仅是对损伤、缺陷的修复和弥补,也是对人类自身所拥有的潜能、力量的发掘;心理学不仅仅是关于疾病或健康的科学,它也是关于工作、教育、爱、成长和娱乐的科学。[②] 根据研究对象的不同,积极心理学的相关研究呈现出三个层面:主观层面关注主体的体验、幸福感、满足感及其产生机制;个人层面探究个体的勇气、毅力、创造性等特质;群体层面研究公民道德、利他行为等,以促进和谐家庭、良好社区、高效能学校等的形成。

可见,基于群体层面的积极心理学研究,有助于营造良好的班级氛围,对学生发展有一定的积极影响。相关研究也证实了这一论断:当周围环境和师友对学生提供了良好的外部支持时,绝大多数学生也将实现良好的心理健康状况,并获得积极的人际关系。反之,学生则更容易表达出负面情绪和消极的行为方式。[③] 教师可以从积极心理学原理出发,关注班级中全体学生的潜能,促使学生主动参与班级管理与班集体建设,培养和发掘学生的积极品质、乐观心态,增强学生的耐挫能力,形成积极进取的班风,进而打造班级特色,形成班级优势的生长点,进一步增强学生的归属感,最终促进整个班级中每一个个体的积极成长。

---

① 孙时进,王金丽.心理学概论[M].上海:复旦大学出版社,2012.
② 叶青武,张瑞荣.职业人的心理困惑与心理调适[M].天津:天津科学技术出版社,2012.
③ 李中斌,等.情绪管理[M].2版.大连:东北财经大学出版社,2019.

2.团体动力学

团体动力学,又称群体动力学,最早由德裔美国心理学家库尔特·勒温提出。团体动力学是研究诸如群体气氛、群体成员间的关系、领导作风对群体性质的影响等群体生活的动力方面的社会心理学分支。团体动力学认为,每个人都生活在家庭、学校、工厂、机关以及各种正式与非正式的社会组织之内。换言之,人人都无时无刻不处于某一团体之中,以一种"团体生活"的状态存在。必须明确的是,所有的团体都不能认定为互不相干的个体所组成的集合,而是包含着复杂联系的个体间的一系列关系。作为团体,它不是由各个个体的特征所决定的,而取决于团体成员相互依存的内在关系。

团体动力学在教育管理中的运用可以归纳为五个方面:班级的内聚力;班级成员之间的相互影响力;班级的领导方式;班级目标与学生参与班级活动的动机;班级的结构性。班级作为以学生构成的正式团体,其团体内聚力表现为团体成员间的协同合作,每个学生都愿意为实现班级的共同目标而承担相应的职责。班级内聚力可以涵盖作用于全体学生并促进其参与班级各类活动的全部力量。班级成员之间的相互影响力表现为班级作为整体对学生个体思想和行为的重要影响,以及处于班级之中的个体在思想和行为方面自发地趋同倾向。班级的领导方式主要指教师(尤其是班主任)在班级管理中发挥的决定性作用。大量案例表明,班级管理中各种问题的解决往往需要依靠班主任的管理艺术,而这一事实又促使班主任的领导风格与方式具备了推动班级发展的隐性功能。可以说,班主任对班级的良性发展具有决定性作用。班级目标与学生参与班级活动的动机之间也存在紧密的联系,对班级目标认同感较强的学生会表现出强烈的需求动机,并为实现班级目标而不懈努力。对班级目标认同度较低的学生,则在班级活动中表现消极,其各类动机也低于班级平均水平。班级的结构对学生行为也具有重要的影响力。对班级结构的设计,可以使教师在一定程度上解释或预测大部分的学生行为,也可以通过调整班级结构,促使学生做出教师所期望的良好行为,朝向更有利于其身心健康的方向发展。

3.行为主义心理学

行为主义心理学产生于20世纪初美国,代表人物是华生和斯金纳,是对西方心理学影响最大的流派之一。行为主义心理学的核心主张是对人的行为进行研究,即摒弃早期心理学局限于研究"人的意识"的观点。行为主义心理学认为,行为就是有机体用以适应环境变化的各种身体反应的组合,这些反应不外乎是肌肉的收缩和腺体的分泌。早期的行为主义心理学家提出,人的行为反应的强弱程度仅取决于刺激强度的大小,他们把"刺激—反应"的联结作为解释所有人类行为的万能公式。行为主义理论认为,心理学的任务就在于发现刺激与反应之间的规律性联系,这样就能根据刺激而推知反应,反过来又可通过反应推知刺激,从而达到预测和控制行为的目的。[①] 在应用心理学方面,行为主义开拓了教育心理学、学习心理学、行为矫正等,对现代教育的发展做出了创造性的贡献。

行为主义心理学的核心主张突显了实用性,在班级管理中主要包括:指导与帮助学生通过演练形成正确行为;采用消退策略降低学生不良行为的发生频率;以赞赏为手段巩固学生的良好行为;通过及时反馈强化学生的正确行为等。因此,在特殊学校班级管理中运用行为主义心理学相关理论,一方面可以通过行为矫正的方式,使特殊需要学生形成正确的价值观和良好的行为习惯,实现立德树人教育目标;另一方面还能够提高特殊学校班级教师的课堂管理效率,从而有效减少学生在课堂教学过程中的问题行为,促进学生学业成绩的提高。

4.期望理论

期望理论由美国心理学家维克托·弗鲁姆于1964年提出。该理论认为,激励程度的大小取决于两方面因素,即所期望实现结果的价值和达成期望的概率。两者的乘积可以反映激励力的大小,即:激励力量=结果价值×达成概率。[②] 在班级管理中,教师对学生的态度往往成为影响学生发展的重要因素。换言之,积极期望常常能促使学生向教师所希望的良好方向发展,而被忽视或被消极看待的学生则往往难以实现较好的发展目标。

期望理论的典型例子是"罗森塔尔效应",也称为"期望效应""皮格马利翁效应"。20世纪中期,美国心理学家罗森塔尔对一所小学进行了题为"未来发展趋势测验"的调研,调研后他将一份"最有发展前途者"的名单交给了校长和教师,并以确保实验可靠性为由让他们对名单保密,不能告诉任何学生。然而,这些学生实际上都是罗森塔尔随机选出的,他们与其他学生在发展潜力方面并没有什么差异。但是,八个月过后,令人惊奇

---

① 罗萍,殷永松,曹杏田.心理学[M].天津:南开大学出版社,2014.

② 袁勇志,奚国泉.期望理论述评[J].南京理工大学学报(社会科学版),2000,13(3):45-49.

的结果出现了。名单上列出的学生个个成绩都有了较大进步,表现优秀。期望理论对被期待者具有积极的意义,尤其在解决"后进生"问题方面,往往可以获得意想不到的良好结果,因此也常常被用于班级管理之中。

班级管理的相关理论还有很多,在管理学方面有科学管理理论、权变管理理论、教师效能理论,在心理学方面有成功心理学理论、多元智能理论、破窗理论、角色理论、领导方式理论、建构主义理论、木桶理论等。无论是教育学、管理学和心理学研究者,还是一线教师和教育管理者,对于班级管理理论与实践的探索仍在进行中,新理论、新方法与新经验也在不断创生中。

二、特殊学校班级管理的专业理论

由特殊需要学生组成的班级,在班级管理方面还需要考虑学生的特殊教育需要,要根据学生的共性与差异来管理班级,这就需要熟悉特殊教育领域的相关理论与研究成果。

(一)缺陷补偿

缺陷补偿是指通过各种途径在不同程度和范围调动机体潜能弥补、代偿损伤组织和器官的功能。人作为一个完整的有机体,各个器官和组织功能是相互联系的,当人体的某一部分的器官或组织发生损伤,其自身功能无法实现,其他健全的器官将在一定的程度上代偿受损器官的部分功能。[1] 缺陷补偿的实现需要个体内外因素的配合,内部基础主要是机体自身需满足的代偿基本条件,受损伤的机体能够产生功能代偿的现象;外部因素主要是适当的特殊教育和教学,也包括使残疾儿童获得功能训练和心理康复,以及现代科学技术、康复器材的应用。其中,现代科学技术的运用对补偿其缺陷具有重要意义,利用一些较为成熟的康复技术和辅助设备可使功能缺陷得以更好地补偿,如重听儿童佩戴助听器可以在一定程度上恢复听力;盲人的听觉和手的触觉显著增强,借助激光手掌和超声导盲器能定向行走;上肢残缺儿童的早期训练有助于他们用下肢来代偿上肢

---

① 朴永馨.特殊教育辞典[M].3 版.北京:华夏出版社,2014.

的功能。

缺陷补偿理论强调特殊教育应在教育过程中针对特殊儿童不同的身心特点施以辅助,因势利导地发挥儿童内在的潜能,充分发挥个体的主观能动性,尽量用健全器官来代替受损器官的组织功能。由于儿童的身体器官正处在发育时期,可塑性强,早期训练往往会产生较理想的补偿效果。缺陷补偿教育在特殊教育中占有十分重要的地位,有的专家认为,特殊教育究其本质而言,就是一种用健全器官的功能去代偿受损器官功能的补偿教育。[①]

(二)无障碍

无障碍,在特殊教育语境中特指环境或制度的一种属性,即一切有关人类衣食住行的公共空间环境以及各类建筑设施、设备的使用,都必须充分服务于具有不同程度生理伤残缺陷者和正常活动能力衰退者(如残疾人、老年人),营造一个充满爱与关怀、切实保障人类安全、方便、舒适的现代生活环境。无障碍理念的提出是基于人们对特殊教育中儿童成长环境的认识,普通学生日常学习和生活中的一些常态对有缺陷的特殊需要儿童来说,往往会成为其发展与成长中的障碍。如视障学生多需要触摸式点字或放大式教材,或有声读物;听障学生在随班就读的状态下需要被安排在靠前且明亮的位置,以便学生看话、读唇;肢体残疾学生行动不便,其学习和生活环境应尽量满足轮椅、助行器具能方便抵达的要求。从更广泛的视角来看,无障碍环境设置不仅要使特殊需要学生在校期间能够尽可能地从环境中获取教育支持,而且应力求实现使学生在最少受限制的教育环境中成长,实现从特殊教育学校、特殊班级到可以适应正常化教育环境。

有学者将特殊教育中无障环境的基本要素概括为六个方面:安全、卫生、保证健康;加快无障碍设施设备的环境建设、辅助技术的运用与服务;相对的自由、理解、接纳,有爱与归属感的环境;提供个别化教育支持服务有成功感的环境;融合的环境;让特殊儿童选择、令家庭满意的环境。[②] 特殊学校和普通学校在创设无障碍环境时,大多因地制宜改善学校与班级的硬件设施,开展相应的活动以促进学生的无障碍学习。硬件方面包括建立

---

① 方俊明.特殊教育学[M].北京:人民教育出版社,2005.
② 张文京.特殊教育班级管理与建设[M].重庆:重庆大学出版社,2017.

资源教室、教室环境无障碍化改造、为特殊教育需要学生提供专门的读写设备等。专题活动与建章立制方面包括利用讲座、报告等开展无障碍宣传,提供咨询与辅导服务,在教室照明、避免噪声方面制定相应的规定。

（三）融合教育

融合也被称为"一体化""回归主流",是实施特殊教育的一种思想体系,萌芽于北欧特殊教育界提出的"正常化"运动。20 世纪 70 年代后,由于美国等发达国家特殊教育界的广泛倡导,融合教育成为一种新的特殊教育体制的同义语,并在美国等一些国家受到法律承认,对其他国家和地区特殊教育的发展也产生了影响。其核心理念是让特殊教育需要学生在最少受限制的环境中受教育,依据残疾程度的不同,设置各种类型的特殊教育形式,制订个别教育计划;主张使大多数残疾儿童尽可能在普通学校或普通班中与健全儿童一起学习和生活,改变以往主要将残疾儿童集中到特殊学校,将他们与健全儿童隔离开的传统教育方式,达到让特殊教育的"支流"回归到普通教育的"主流"中,特殊教育与普通教育融为一体的目的。但不完全取消特殊学校,特殊学校仍将发挥接收和教育残疾程度重、不适合在普通学校学习的残疾学生,向普通学校提供特殊教育咨询服务等作用。[1] 基于上述理念,融合教育的突出特点就是强调将残疾学生与同龄的正常学生一起安置在普通教室中上课,其前提是所有儿童都能在主流学校中学习并适应学校和社区的生活。[2] 让所有学生,包括有重大残疾的学生得到有效的教育服务的平等机会,包括得到需要补充的工具和辅助性服务并安置到附近学校及其年龄相适应的班级,以达到使学生在社会中像所有成员一样充实地生活。[3] 融合教育强调通过提供必要的辅助性服务,将有特殊教育需要的学生与同龄健全学生一起安置在普通班级中,共同接受教育,促使其适应主流学校中学习和生活的教育思想与活动。

融合教育的应用场景不仅包括特殊学校,也涉及整个教育体系中占绝对多数的普通学校。融合教育强调为有特殊教育需要的学生制订个别教育计划,主张以经过特别设计的环境和教学方法来适应不同特质的儿童学习。因此,在管理特殊学校班级的过程中,

---

① 朴永馨.特殊教育辞典[M].3 版.北京:华夏出版社,2014.

② 雷诺兹,弗莱彻-詹曾.简明特殊教育百科全书[M].2 版.赵向东,等译.北京:求真出版社,2011.

③ 朴永馨.特殊教育辞典[M].3 版.北京:华夏出版社,2014.

应树立根据学生的不同特质而制定适合其发展的阶段性目标,促使其与班级中的其他成员一道合作学习,最终实现将特殊教育需要学生包含在教育、物理环境及社会生活的主流内。

任务三　特殊学校班级管理课程的意义与方法

特殊学校班级管理是从事特殊教育教学工作的必要前提,学习这门课程,对于提升特殊学校班级管理认识、增强特殊学校班级管理能力具有重要意义。高等院校特殊教育专业及相关师范类专业学生在学习本课程时,应遵循相应的学习方法,提高学习效率。

一、学习特殊学校班级管理的意义

作为教师,除了教学工作外,还可能承担班级的管理工作或学校的管理工作;作为学校与班级的一员,教师应当了解班级管理的运行规律与方法,以便全身心地融入特殊教育工作中。因此,学习特殊学校班级管理课程具有重要的意义。

(一)有利于实现新时代立德树人目标

特殊学校班级管理的质量在很大程度上影响着特殊需要学生的发展,尤其在世界观、人生观、价值观的形成方面,深刻塑造着特殊需要学生的思想,对特殊学生的成长具有重要意义。《残疾人教育条例》(2017 修订)明确指出,特殊学校应当贯彻国家的教育方针,落实立德树人根本任务,并根据特殊需要学生的身心特性,全面提高其素质,为其平等地参与社会生活创造条件。因此,特殊教育教师只有通过学习特殊学校班级管理的知识与技能,才能更好地落实新时代特殊教育立德树人根本目标,以科学的理念与方法管理特殊班级,使班级形成积极向上的良好氛围,促使每一个特殊需要学生都能成为未来社会的合格一员。

（二）有利于提升特殊教育专业理论素养

掌握特殊学校班级管理的内在规律,能够运用相关理论在实践中不断提升特殊学校班级管理质量,是特殊教育教师不可或缺的重要素养。通过系统地学习特殊学校班级管理的理论知识,可以全面了解特殊学校班级管理的核心概念、基本理论、原则与模式等,对于提升特殊教育专业素养具有重要的理论价值。同时,在学习与掌握特殊学校班级管理理论体系的过程中,特殊教育专业学生、相关师范类专业学生和班主任教师都将实现对教育理论的自我反思,使理论成为自身教育教学能力提升、素养发展的精神动力,促使其成为具有教育者所特有的高尚品质的育人主体。

（三）有利于增强特殊教育管理实践能力

特殊学校班级管理的专业性和复杂性要求特殊教育教师必须具备系统的班级管理能力,这些能力的形成离不开对特殊学校班级管理实操技能的学习。掌握特殊学校班级管理技能的教师,可以从班级管理的实践中发现促进特殊需要学生健康发展的内生力,以科学的班级管理思想整体把握特殊学校班级管理的方法与策略,全面理解和掌握管理特殊需要学生的系统思路,使特殊教育教师不再仅仅是"有爱心的""勤奋的"教师,更是在建设班集体、应对班级管理问题和解决学生成长困扰时"足智多谋的""本领出众的"教师。

二、学习特殊学校班级管理的方法

特殊学校班级管理课程的学习有许多方法和途径,最关键的是坚持理论与实践相结合,注意与其他相关学科的联系,多从案例与经验中反思,提高学习效果。

（一）夯实理论基础

特殊学校班级管理的相关理论是人们对特殊学校班级管理中存在的现象与问题理性认识的汇总,是对特殊学校班级管理活动中各类情形反思与研究的结晶。因此,源于探究与反思的特殊学校班级管理理论,代表着特殊教育研究者和实践者对班级管理客观问题的冷静观察和深刻认识。对于特殊教育教师,掌握和了解特殊学校班级管理相关理论,甚至对某些问题开展专题研究,不仅是自身从事特殊教育教学与研究的基本态度和职责,而且代表着优秀特教人的信念的追求。

夯实特殊学校班级管理理论基础,首先要在认真学习课程内容的基础上,准确把握核心概念、重要理论和基本方法,对本课程所涉及的特殊学校班级管理的成员、目标与计划、原则与模式、常规管理、组织建设、评价、人际关系、家校合作、环境与资源、活动与文化,以及突发事件的处理等方面,都应清楚了解其本质与要点。其次,学习和掌握特殊学校班级管理理论,应注重学科间的交叉问题。特殊学校班级管理不仅是特殊教育学与教育管理学的交叉领域,还涉及教育学、心理学和管理学的其他分支学科,在某些方面甚至关联到社会学和伦理学,这就要求我们必须对这些学科的相关知识有所了解,通过广泛涉猎和专题探究增强自身的理论素养。

(二)强化实践技能

特殊学校班级管理课程不仅具有鲜明的理论性,而且必须与学校教育教学实践紧密结合,因此,课程的学习过程中也必然强调其实践性。可以说,理论联系实际是学习任何一门能力素养类课程必备的学习方法,也是掌握与运用相关知识开展教育教学的重要前提。从课本中学到的特殊学校班级管理知识,只有运用在解决特殊需要学生班级管理中遇到的实际问题时,才能体现出其真正的价值。

强化特殊学校班级管理实践技能,首先要对特殊学校班级管理的理论知识进行系统的学习,掌握基本概念和原则,进而在理论的指导下开展相应的实践活动。其次,要准确把握特殊学校班级管理课程中各类实践技能的方法、要领、策略和运用情境,能够做到不仅"知其然",而且"知其所以然",在实际问题中准确而恰当地运用特殊学校班级管理技能。再次,在学以致用的过程中还要不断加强反思,将知识与技能建立在真实的案例基础之上,帮助自己更好地掌握理论知识,也更加娴熟地运用实践技能。

(三)注重专业特色

对于各类学习者而言,特殊学校班级管理课程内容一般安排在教育学、心理学、管理学等专业基础课之后,尤其是在特殊教育专业基础课之后。在学习本课程之前,学习者应具备特殊教育学的相关基础知识,同时也应具备一定的教育管理学、教育心理学理论基础,或者在一线教学中积累了一定的教育特殊需要学生的实践经验。在学习本课程的过程中,学习者应当明确,特殊需要学生的教育与管理有别于普通学生。这就要求教育者不仅具备基本的教育管理能力,而且要熟悉特殊教育的基本规律,能够运用相应的专业知识解决特殊需要学生在班级学习和交往中的现实问题。

在学习过程中注重特殊教育专业特色,首先要做到尽可能地通过课堂学习、阅读专业书籍、参与教育实习与见习、参加特殊教育相关社会活动等方式积累专业知识,掌握专业能力,拓展专业见识。其次要重视对日常生活中特殊教育现象、特殊需要学生管理问题等的深入思考,强化从课本知识到教育实践的转化思维,达到既能从特殊教育现象中提炼问题,又能从专业知识中提出对策,最终形成特殊教育研究者和工作者应具备的意识和素养。

本章小结

特殊学校班级管理是一门实践性很强的课程,但实践离不开理论,理论产生的最终目的是更好地指导实践,特殊学校班级管理的客观规律对班级管理实践有巨大的推动作用。同时,实践又是理论的来源,是特殊学校班级管理相关理论发展的根本动力,通过实践又可以检验理论的正确性。提升特殊教育学校班级管理质量,解决班级管理中存在的问题,不仅是特殊教育学校在教育管理实践中持续探索的重要课题,也是特殊教育师范生培养过程中不可或缺的必要环节。特殊学校班级管理属于特殊教育与教育管理的交叉领域。学好这门课程,离不开对各类基本理论的系统学习,也离不开对特殊学校班级管理现实的深入把握。只有坚持理论与实践相结合,将学到的知识付诸实践,在解决特殊学校班级管理问题的过程中不断历练与反思,才能真正掌握通过特殊学校班级管理促进特殊需要学生全面发展的精髓。

讨论与探究

1.特殊学校班级的定义是什么?

2.特殊学校班级管理的内涵与功能包括什么?

3.特殊学校班级管理的基础理论有哪些？

4.特殊学校班级管理的专业理论有哪些？

5.学习特殊学校班级管理课程的意义何在？

6.学习特殊学校班级管理课程的方法有哪些？

项目二　特殊学校班级管理的成员

本章旨在阐述特殊学校班级管理过程中相关成员的地位、作用与职责。特殊需要学生和班主任是班级管理过程中的两大主体,学生具有主体客体双重地位,具有管理者被管理者双重角色。班主任是班级管理的第一责任人,需要充分发挥学生的自主管理作用,并不断提升自己的专业发展水平。由于特殊需要学生的障碍程度不一,班级管理中还需要副班主任或助教、科任教师、陪读家长、义工等人员的参与,为特殊需要学生共同创造安全、幸福、美好的校园生活,以便他们德智体美劳全面发展。

学习目标

1.熟悉特殊需要学生的身心发展特点,理解班级管理中学生的角色与地位。

2.了解特殊学校班主任的作用和职责,明确班主任的能力素质要求和专业发展策略。

3.班级管理中应当树立科学的学生观,知道发挥学生自主管理作用的策略。

4.了解特殊学校班级管理中其他成员的作用和职责,明确相关注意事项。

任务一　特殊学校班级管理中的学生

传统的班级管理模式是“保姆式”的方法,只把特殊需要学生看作班级管理的对象,教师则是班级管理的唯一主体,班主任充当保姆、家长角色,大小事情都包办代替。随着社会的发展,特殊学校对班级管理中学生地位的认识越来越科学,越来越注重学生的主体地位,努力让学生成为班级的主人,发挥学生的自主管理作用。

一、特殊需要学生在班级管理中的角色与地位

现代教育管理认为:学生既是班级管理的对象,又是班级管理的主体。虽然特殊需要学生有各种各样的障碍与困难,但他们同样在特殊学校的班级管理中具有主体客体双重地位,具有管理者被管理者双重角色。

(一)学生在班级管理中具有主客体的辩证统一性

怎么看待学生,把学生看作什么样的人,对学生采取什么样的态度,是特殊学校班级管理者必须思考的根本问题,这也是教师的学生观的具体反映。在班级管理中,主体与客体是相对的,这主要取决于班级成员主动性和积极性发挥的程度。[①]

特殊学校班级管理中的学生有以下本质属性,学生是正在成长中的人,具有独立性与独特性;学生是未成年人,具有可塑性与发展潜能;学生需要特殊教育支持与引导,需要更多的人文关怀与支持;学生以学业发展、康复训练、行为规范、生活适应、职业技能为主要任务。教师应当充分认识这些本质属性,才能形成科学的学生观。因此,学生和班主任、教师的主客体关系既是统一的,又是动态变化的。学生主客体的统一性是指管理与被管理过程是统一的。学生主客体的动态变化是指主客体关系存在于某一过程中,或某一环节中,过程与环节不同,则主客关系又将发生变化。

(二)学生在班级管理中具有双重角色

所谓学生的双重角色,是指特殊需要学生一方面是班级管理的对象——被管理者,作为学生的角色,要严格遵守班集体制定的行为规范,积极主动适应班级管理,支持班主任和班干部的管理工作,而不是消极应付或抵触;另一方面,他们是班级管理的主体——

---

① 郭毅.班级管理学[M].北京:人民教育出版社,2002.

管理者,要发挥管理者的主观能动性,积极参与班级管理活动,关心班集体的发展,为实现班级管理目标献计、献策,主动采取合情合理的方式把个人的建议变成有效的管理行为。[①] 特殊学校班级管理要积极创造活动平台和管理岗位,让学生在管理中进行双重角色的互动,感悟到角色的变化,形成主人翁意识或精神。

二、特殊需要学生的身心发展特点

特殊学校的班级编制类型多样,有盲班、聋班、培智班、孤独症班、混合班等,因此班级管理中的学生具有各自的特点,再加上班级所处的年级段不同,学生的特殊性与特殊需要也会有所变化。

(一)四类障碍学生的身心发展特点

特殊学校班级管理中的学生主要涉及视力障碍学生、听力障碍学生、智力障碍学生和孤独症谱系障碍学生四类。

1.视力障碍学生的身心发展特点

视力障碍是由于各种原因导致双眼视力低下并且不能矫正或视野缩小,以致影响正常生活和社会参与。视力障碍分为盲和低视力两大类。

由于视觉缺陷,视力障碍学生需要用手的触摸去接触外界环境,经过大量和反复的练习,其触觉灵敏、准确,形成"以手代目"。听觉也是其探索世界的主要方式,依靠听觉来判断方向与远近、学习语言等。他们在注意发展、机械记忆方面普遍优于同龄普通学生。由于视觉是人类获取信息的主要途径,所以有一些需要借助视觉建立的信息就会出现不足或缺失,从而导致形象思维发展缓慢,形成的概念不准确,例如概念的缩小或泛化。

社会适应方面,视力障碍学生的自尊心比其他学生更强烈。他们渴望尊重,同学之间的一些无意的玩笑,也有可能刺伤他们的自尊心。在家庭,他们依赖父母和其他家人;在学校,他们依赖老师和好心的同学,他们希望得到更多的关心与帮助。

---

① 张作岭,宋立华.班级管理[M].3 版.北京:清华大学出版社,2019.

2.听力障碍学生的身心发展特点

听力障碍是指由于各种原因导致双耳不同程度的永久性听力障碍,听不到或听不清周围环境声及言语声,以致影响日常生活和社会参与。听力障碍分为聋和重听两大类。

听觉障碍限制了学生感知觉活动的范围和深度,加之缺乏语言活动的参与,使他们的感知觉活动与学习语言的活动不能同步进行,口语发展迟缓或没有口语,书面语表达落后于同龄普通学生。对语言理解,需要借助"唇读"来捕捉语言信息。他们的思维长期处于形象思维阶段,抽象思维发展缓慢。与同龄普通学生相比较,他们的想象力丰富,观察力敏锐。

情绪与行为方面,听力障碍学生由于听力和语言的障碍,在表达自己的需要和情感上有一些困难,常常会感到不被理解,不被周围环境所接纳,表现出冲动性的行为。

3.智力障碍学生的身心发展特点

智力障碍是指智力显著低于一般人水平,即两个标准值以下(以韦氏量表为测评工具,智商 IQ 值低于 70 分),并伴有适应行为障碍。智力障碍分为轻度、中度、重度、极重度四级。

智力障碍学生的注意广度狭窄,注意范围狭小,注意分配能力差,当几个任务同时呈现时,就很难控制并分配自己的注意力,会表现出注意涣散的状态。另外,注意稳定性差,很难将个体的注意力持续维持在某一学习任务上。他们的记忆储存能力存在着不同程度的缺陷,记忆速度慢,记忆保持时间短,记忆内容不精确、不完整,记忆再现困难。元认知方面,智力障碍学生的计划能力差,他们很少能够自主地做计划,在计划进行的过程中也很难有目的、有意识地采用策略,对于有意识地监控自己的行为就更为困难。

智力障碍学生普遍伴有语言障碍或语言问题,具体表现为:吐字不清、音调异常;词汇缺乏,尤其对于抽象词汇的习得更加困难;对语义的掌握较为缓慢,致使其对整句意义的理解受限。

4.孤独症谱系障碍学生的身心发展特点

孤独症谱系障碍(ASD)是一种由大脑、神经以及基因的病变引起的广泛性发育障碍,一般发病于儿童期(2 岁半左右),主要特征为社会交往障碍、狭隘的兴趣和重复刻板的行为。

有很多孤独症学生存在感官信息处理方面的障碍,对于某种感官刺激过于敏感,而对另一些又不够敏感,并且有可能无法同时处理多种感官刺激信息,该屏蔽的没有屏蔽掉,而该优先处理的又没有被处理。当感受或意识不到正常水平的感官刺激时,则需要更大的刺激来触发神经系统,会通过某些特定的活动来寻找这种刺激,如始终处于蹦跳活动状态,甩手、晃动身体,喜欢大声的音乐、热闹的场所等;当神经系统对某些感官刺激过度敏感时,只是很小的刺激可能就会让他们感觉到刺激过度,从而变得难以承受,他们会通过行为来逃避这些刺激,如不喜欢被碰触,不能忍受噪声,踮脚尖走路等。

孤独症谱系障碍学生具有视觉学习优势,喜欢看窗外风景、画画、拼图、看电视。在听觉方面,对别人的话充耳不闻,却喜欢自己制造声音,如拍桌子、晃椅子等,对来自侧面或后面的声音反应迟缓。视、听觉配合及同步反应也有很大障碍。部分孤独症学生嗅觉敏感、味觉迟钝。例如,偏食、喜欢喝碳酸饮料、喜欢吃肉、拒绝吃蔬菜;咀嚼功能普遍较差,采用吞食的方法。他们的本体感受器反应迟钝,不知危险行为。另外,他们的语言发展迟缓,注意力过于分散,或极其专注而不能有效转移,受情绪等影响注意力短暂,如易离开座位,对数字、文字符号的机械记忆较好,能背诵很多东西。

孤独症谱系障碍学生在情绪方面最明显的特征是冷漠。例如,经常避免与他人的眼神接触,表示出茫然和冷漠;不主动与他人接触,也不愿意和父母亲近;对新奇的事物也缺乏应有的兴趣。情绪很不稳定是他们的固有表现,有时会表现出极不适宜的、异常的、激烈的情感反应。行为方面最明显的特征是怪僻的、刻板的行为,甚至有自伤行为、攻击性行为和破坏性行为。

(二)不同学段学生的身心发展特点

在遗传与环境等多种因素的相互作用下,特殊需要学生在身体和心理两方面会随着年龄的增长而不断发展,在小学、初中、高中各阶段会有一些与普通学生相同或相近的身心发展特点。

1.小学段特殊需要学生的生理和心理特点

小学低段学生在身高、体重、骨骼、心率、血压、肺活量等方面处于发展期,脑功能发育最快速,大肌肉动作的协调性有所发展。但肌肉力量较小,小肌肉动作的协调性较差。

喜欢得到外界的表扬和鼓励,对物质化的奖励,如食物等,更感兴趣。独立性和自觉性较差,在生活、学习、活动等方面需要成人的监护和指导。

小学高段学生的大脑神经机能进一步加强,抑制功能进一步发展,心理活动趋向稳定,能更容易集中注意力。自我意识逐步增强,对外界事物有了自己的认识、判断和态度,不再无条件地信任权威,关注公平。逻辑思维开始发展,好奇心强,但兴趣维持不能持久。独立意识进一步发展,认为自己长大成人,会出现顶撞家长和老师的言行。

2.初中段特殊需要学生的生理和心理特点

初中段特殊需要学生年龄普遍在十二三岁至十五六岁,逐步进入青春期。身高增长速度最为快速,四肢、肌肉、胸围、毛发等都在发生变化,神经活动的兴奋过程更强,兴奋与抑制相互转换较快,但抑制过程不稳定。性器官开始发育,趋于成熟,出现遗精或月经现象,一般而言,女孩子进入性成熟期较男孩子要早一至两年。感觉的精确度、灵敏度进一步提高,注意力的集中性、稳定性不断增强,记忆以形象识记为主,理解识记能力有所发展,独立性和成人感越来越强,表现出"半幼稚半成熟的小大人"状态。[1] 有强烈的表现欲,渴望别人把他们看作大人,渴望理解与尊重。渴望与异性交往,想了解性知识,喜欢在异性面前表现。既想敞开心扉,又怕别人伤害自己,具有逆反心理,易形成稳定的同伴关系。

3.高中段特殊需要学生的生理和心理特点

高中段学生身体已趋成熟,进入缓慢增长阶段,骨骼已全部骨化,肌肉力量明显增长,有更大的强度和耐久性,神经系统发育基本完成,兴奋和抑制进程趋于平衡,动作更加协调,也趋于稳定。观察的目的性和系统性增强,注意的自觉性也在增强。心理上更趋于自主、独立,但在经济上、精神上还需要依赖父母,特别是遇到困难时,期待亲人和朋友的帮助和安慰。情绪和情感体验更趋于丰富、深刻、细腻,两性情感上会产生朦胧爱情,道德意识方面的社会性情感初步形成,意志品质与行为有了明显的发展,抗诱惑能力尚欠缺,易见异思迁,摇摆不定。自我意识水平稳步提高,有自己的见解和主张,对成人的意见不盲从,有时会表现出固执、任性。

---

[1]　刘岩,王萍.班主任与班级管理[M].北京:北京师范大学出版社,2013.

三、发挥学生的自主管理作用

特殊需要学生在班级管理环境中一般表现出两种不同性质的适应,一种是主动适应班级管理,一种是被动适应班级管理。[①] 学生主动适应班级管理会表现出主动接受影响,主动参与班级活动与管理,主动完成学生这一角色任务,能主动探索和获取知识,能对自己的学习、生活过程进行监督、评价、反思,并逐渐成为班级的主人。学生被动适应班级管理会表现出缺乏自我监督和反馈,被动地接受学生这一角色任务,仅仅作为客体,处于服从和被支配地位,被动地参与班级活动,学习积极性不高,对班级管理活动处于消极适应状态。

学生并不是一进入学校和班级就能主动适应,一般是由被动适应逐渐变为主动适应。班级管理者要接纳学生的不成熟和缺陷,平等相待,用爱心、耐心、细心培育学生,多沟通交流,挖掘学生主动适应能力和表现,用言传身教给学生主动适应班级管理做示范,切记不要把学生推向自己的对立面,使其一直被动下去。

尽管特殊需要学生有多种多样的困难与不足,但其作为班级管理的成员,只有发挥其主动性和自主管理作用,才能取得最佳效果,实现班级管理目标。如果忽视了学生的主体作用,班级管理的很多工作就成了被动应付。

首先,班级管理者要确立每个学生在班级中的主体地位,尊重学生的人格与个性,以"我是班级的主人"为主线,引导学生参与班级管理目标的制定,行使他们的主体权利,尽量具体到某个学生、某个活动、某个方面。

其次,鼓励学生树立自己管理自己、自己教育自己的观念,设法建立学生自主管理体制和机制,为学生多设置适合其发展的管理岗位,提供服务同学、锻炼自己、表现自己的机会。班级管理者要适度放权,赋权给学生,让学生自己处理班级管理事务。

最后,开展丰富多彩的班级活动,不断提高学生的自主管理能力,班级管理者要指导学生设计多彩的班级活动,让活动成为学生自主管理、展示个性、尝试成功的乐园。

---

① 刘岩,王萍.班主任与班级管理[M].北京:北京师范大学出版社,2013.

任务二 特殊学校班级管理中的班主任

特殊学校班主任是班级工作的组织者和管理者,是学生德智体美劳全面成长的引导者和教育者,是教学工作的协调者,也是沟通学校、家庭和社会之间的桥梁。因此,班主任在班级管理中有着举足轻重的地位,其根本任务是"建班育人"。特殊教育由于教育对象的特殊性,在教育思想、教育方法、教育手段、传授知识、培养能力等多方面都具有特殊性,对班主任工作也有着更高的要求。

一、特殊学校班主任的角色和作用

班主任具有多重角色。社会心理学根据情感因素把班主任的角色作用分为三大类,第一类是管理上的权威者,包括家长的代理人、知识的传授者、集体的领导者、模范公民;第二类是心理上的支持者,包括成为学生的朋友和知己、心理问题的治疗者;第三类是消极作用的承受者,包括班级纪律的监督者和执行者、过错与责任的替罪羊。[①] 特殊学校的学生往往存在言语障碍、交流困难、适应困难等诸多问题,这就要求班主任要更深入地了解学生,了解他们的病史、个性、兴趣爱好、生活习惯、家庭情况等诸多方面,比普通学校班主任的工作要更加周密和细致,其角色作用有特殊性。

(一)班主任是特殊需要学生日常问题的解决者

特殊需要学生通常在学习和生活上会经常遇到各种适应缓慢或适应不良引发的问题,如突然发病、情绪失控或是危及人身安全等情况,加之独立能力不强,自身难以解决困难时就会将解决问题的希望寄托于班主任身上。因此,班主任作为学生在校期间接触

---

① 檀传宝.德育与班级管理[M].2版.北京:高等教育出版社,2013.

最多、最信任的人,必须要认真对待学生的任何问题,俯身倾听,耐心询问,真诚帮助,以饱满的热情和负责的态度帮助学生处理好每一件事,在增进师生感情的同时也提高了学生对班主任的信任感。

(二)班主任是特殊需要学生课业学习的激励者

班主任在管理班级的同时,还承担着课程教学工作,需要将教学工作和班级管理工作有机联系在一起。特殊需要学生与普通学生一样,有着广泛的学习兴趣和强烈的表现欲,面对正向激励也会有积极的回应。因此,班主任在日常的教学管理中,要分析学生课业学习方面的特点,适当降低要求,多与任课教师沟通,共同肯定他们取得的进步,给予更多激励,让他们感受到成功的快乐,从而激发他们的学习兴趣,增强他们的自信心。课后,多督促他们自觉尝试,反复练习,努力克服学业上的障碍。

(三)班主任是特殊需要学生心理问题的疏导者

特殊需要学生由于生理缺陷,他们与外界交流困难,或多或少容易产生不同程度与类型的心理问题和心理障碍。一般表现为固执、任性、依赖、性格孤僻、不积极参加班级活动、缺乏学习热情等问题。因此,班主任要全面关心特殊学生的身心发展状况,对每个学生的个性要有全面的了解,并适时开展有针对性的班级心理辅导与个体心理辅导。在日常班级管理与教育中渗透理想与信念、世界观与人生观的教育,注重特殊需要学生在兴趣特长方面的培养与教育,塑造学生良好的人格与个性。

(四)班主任是特殊需要学生家校联系的促进者

特殊需要学生家长要承受比普通学生家长更巨大的身心压力和经济压力,加之,由于他们教育理论比较薄弱,较少能得到系统的、专业的咨询和指导,因此,他们普遍对学生的学业成绩关心较少,而对孩子的自理能力、康复情况等方面关注更多。这时,他们就会将自己的情感寄托在班主任身上,希望班主任能抽出更多的时间"关照"自己的孩子,有意地把班主任当作自己的代理人。班主任作为学校和家庭之间沟通的桥梁,要协调好学校和家长之间的关系,既要注重学校教育对学生的促进作用,也要注重对家长的专业化引导,以缓解家长的焦虑情绪,争取家长最大限度地配合学校的教育教学工作,形成教育合力,共同促进特殊需要学生融入社会。

二、特殊学校班主任的职责

班主任的职责是指教师在担任班主任职务期间应担负的主要责任。教育部出台的《中小学班主任工作规定》指出:班主任要全面了解班级内每一个学生,深入分析学生思想、心理、学习、生活状况。关心爱护全体学生,平等对待每一个学生,尊重学生人格。采取多种方式与学生沟通,有针对性地进行思想道德教育,促进学生德智体美劳全面发展。其工作职责有做好班级日常管理工作、开展形式多样的班级活动、对学生综合素质评价、协调学校与家长和社区的关系等。面对特殊需要学生,特殊学校班主任的职责主要表现在对特殊需要学生的德育、学业、身心健康、劳动及日常管理五大方面。

(一)抓好思想品德,组建班级集体

班主任工作是对学生进行思想品德方面的教育、政治态度的教育、伦理道德及行为规范养成上的态度与方法的教育。[①] 因此,班主任要成为学生思想品德教育的骨干,依据特殊学校教育目标与要求,抓好特殊需要学生思想品德教育,让他们树立正确的世界观、人生观、价值观。

班级是特殊需要学生集体生活的空间,班主任还应做好班级组织建设工作,包括选建班委会、指导班干部工作、选拔活动负责人等;指导少先队、团员工作,培养团结友爱、积极向上的班集体。让有能力的特殊需要学生积极承担班级管理任务,形成正确的社会角色认知。

(二)重视学生学习,提升学业质量

班主任要重视对特殊需要学生的学业指导,不能仅仅满足于只对特殊需要学生的安全负责,使自己陷入"保姆型"工作之中。还要引导学生体会学习的乐趣、成长的快乐,培养他们的动手能力和探索精神,提高其文化素质和学业水平。班主任要尊重特殊教育规

---

① 张作岭,宋立华.班级管理[M].3 版.北京:清华大学出版社,2019.

律和特殊需要学生身心发展特点,既注重缺陷补偿,又关注潜能开发,为每一位学生提供适合的教育。

(三)关心学生健康,打好发展基础

班级管理中的问题学生一般分为学业问题、行为问题和心理问题三类。班主任要关心特殊需要学生的身体状况,注重教育教学与康复训练相结合,尽量减少学业问题和心理问题的发生,帮助每一位学生获得身心协调发展。要关注行为问题学生的转化工作,要了解问题学生的思想认识、行为问题的原因,因材施教,对症下药,及时让这些特殊而又有问题的学生得到即时转化。随时关注心理问题学生,让他们正确认识残疾与障碍,克服自卑心理,帮助心理问题学生克服不合理信念,树立正确的人生理想,形成积极乐观的心理。教会他们自我解压的方法,并告诉他们要学会寻求帮助,建立起对生活、对学习和对自己的自信心,积极融入社会生活。

(四)组织学生劳动,丰富课余生活

特殊需要学生的全面发展离不开形式多样的班级实践活动,而组织开展班级活动是班主任的重要职责。新时代,劳动教育是中国特色社会主义教育制度的重要内容,直接决定社会主义建设者的劳动精神面貌、劳动价值取向和劳动技能水平。因此,班主任要重视特殊需要学生的劳动教育,多组织学生参加劳动实践,培养他们的自理能力和自食其力的思想,形成良好的劳动习惯。指导学生在课余生活中多参加劳动,组织学生参与校园卫生保洁和绿化美化,体会劳动创造美好生活的精神,为其更好地融入社会生活打下基础。

(五)规范学生言行,做好日常管理

特殊需要学生的常规训练是特殊学校班主任日常工作中不可或缺的重要内容。规范学生的言行,管理好学生的纪律、考勤、作息、卫生等,对班级图书、教具等资源和资料的管理,都需要班主任认真组织领导,才能形成一个井然有序、运作正常的班集体。因此,班主任要结合本班特殊需要学生的障碍类型,制定好一日常规目标,勤深入、勤思考、细心观察,务实指导,用教师的为人师表引导学生形成良好的行为规范,实现班级的有序

运行。

三、特殊学校班主任的能力素质要求

班主任作为班级的管理者,其能力素质的高低直接影响着班级活动的效率和学生身心发展的水平。班主任所需的能力不仅仅是一种,而是多方面的。对于他们来说,多种能力以特定的结构组合在一起才能保证班级的各项活动正常运行。特殊学校班主任,需要依据特殊需要学生的身心特点开展管理工作,要求他们掌握特殊的班级管理工作的知识和技能。

（一）职业道德素质

班主任的职业道德素质要求班主任热爱特殊教育事业,有坚定的教育信念,热爱特殊需要学生,为人师表、团结协作等。[①]　其中,热爱学生是核心,没有爱就没有教育。坚持正确的政治方向,有了正确的政治引领,班主任才能坚定不移地贯彻党的立德树人、全面发展的教育方针,才能面向全体特殊需要学生,培养出符合时代需要的合格的建设者。强烈的特殊教育事业心和责任感是班主任工作孕育生机和活力的源泉。特殊学校班主任只有付出自己的爱才能赢得特殊需要学生的爱,使学生乐意亲近班主任,进而愿意接受班主任的教育。

（二）知识结构素质

在特殊学校班级管理中,首先,特殊学校班主任应是一个合格的特殊教育教师,精通自己所教的学科,能通过系统的知识传授促进特殊需要学生智能和人格的全面发展。其次,特殊学校班主任要精通特殊儿童心理学,了解特殊需要学生的身心特点和他们的不同需求,能从特殊需要学生的需求出发制定管理和教学策略。再次,特殊学校班主任还应熟悉特殊教育管理知识,将特殊教育学科知识、特殊儿童心理学和管理学知识相互联系,相互结合,建立合理的知识结构体系。在此基础上,还要紧跟时代的发展和变迁及时

---

① 郭娅玲.德育与班级管理[M].长沙:湖南师范大学出版社,2015.

更新自己的知识和观念,以适应时代的需求。

(三)身体心理素质

班主任还应具备健康的身体和良好的心理素质。特殊学校班主任要保持充沛的精力,认真履行自己的职责,协调工作、学习和生活,还要有能力在特殊学生情绪不佳时有效地制止其不良行为,有时还需要进行身体对抗。还应调适心理,加强修养,积极适应社会、学校、学生的发展变化,做到处变不惊、遇事不慌,沉着、冷静地解决问题,对班级环境作出有效的影响。

(四)管理能力素质

能力是班主任完成班级管理工作的必要条件。能力不等于知识,只有把知识迁移应用了,才能转化为能力。特殊学校的班主任需要对多种能力进行组合,应用到班级管理中,才能保证班级管理活动顺利进行。一是敏锐的观察力。学生的任何一种行为和情绪的表现都是需求表达,如果班主任不能很好地了解特殊需要学生的需求,就不能有效地帮助学生解决困难,还可能导致不良事件的发生。二是灵活的沟通协调能力,主要体现在与科任教师、家长和学生的沟通中。沟通科任教师就是要主动向科任教师了解学生的上课状况,讨论遇到的问题及处理措施,并诚恳地邀请科任教师参加班级活动,从而能更深入地交流思想,配合工作;沟通家长就是要与家长确立良好关系,向家长反映学生的在校情况,并让家长配合施行适当的家庭教育,达成家校共育;沟通学生就是通过了解学生的年龄特点、残疾类型、思维发展水平、情绪等状况,掌握他们的喜好、兴趣、习惯,运用合理的方式真诚地与他们交往,取得他们的信任,建立良好的师生关系。[①] 三是周密的组织能力。班主任要将学校要求和本班实际结合起来,组织好各项活动,各类事项的安排要周密细致,尤其是安全问题上,要事无巨细地考虑到每一个细节,避免疏忽和纰漏。四是机智的应变能力。在教育方法的选择上,要准确、及时、适度,实现因材、因时、因人管理。要善于处理各种突发问题,因势利导,随机应变。五是缜密的分析能力。班主任要善于分析细微表现、偶尔出现、具有潜在影响的行为,发现学生身上的闪光品质,分析学生的

---

① 张作岭,宋立华.班级管理[M].3 版.北京:清华大学出版社,2019.

心理活动或异样神情,努力做到因势利导或防微杜渐。

四、特殊学校班主任的专业发展

班主任工作是一项长期的、复杂的专业性工作。要胜任班主任工作,需要不断学习,需要走向专业化。班主任的专业发展是指班主任个体内在的专业品质的不断提升、发展、完善的过程,包括专业理念、专业知识、专业能力、专业人格和专业发展意识等。[①]

(一)增强责任感和使命感,注重职业理想与道德培养

特殊学校的班主任需要加强自身的师德修养,爱岗敬业,建班育人,不断增强班主任的职业意识和责任感。学习优秀班主任的先进事迹和经验心得,从中寻找自己作为班主任的职业幸福感。努力成为一个学生爱戴、无私奉献的班主任。例如,新入职班主任体验盲生、聋生的日常班级活动,感受学生的困难,改变对学生的态度,拉近班主任与学生的距离;走进特殊需要学生的家庭,倾听来自孩子父母的心声,体验家长的苦衷,激发班主任的职业责任感和工作热情。

(二)制定专业发展规划,加速班主任的自我成长

一般而言,班主任的专业发展阶段可划分为适应、合格、成熟三个阶段。班主任专业发展规划是对班主任工作各个方面和各个阶段进行设想和规划,包括职业目标、预期成就、专业素养、成长阶段的设计,以及采取的相应措施等。好的专业发展规划,能够准确地反映出班主任的人生发展思路、期望和努力方向,能反映出班主任的班级管理与建设方面的成长轨迹。特殊学校班主任的成长要经历一个学习、研究、实践的过程,如果对这个过程能够进行科学规划,确立与个体相结合的、合理的专业发展目标,采取切实可行的操作策略,则会缩短这一过程,加速班主任的专业成长。

(三)利用多样化学习途径,加强专业知识与能力素养

班级管理是一项完善人的内心世界、规范人的外在行为的系统工程,需要班主任应

---

① 杨建华.班级管理学[M].西安:陕西师范大学出版总社,2012.

用科学的、先进的教育思想与方法。新时代,特殊教育的目标已经演变为让特殊学生学有所长,立足社会,减轻社会及家庭的负担。这就要求特殊学校班主任加强教育理论学习,尤其是特殊教育理论和班级管理经验的学习。例如,经常撰写读书笔记和学习心得,逐渐转变为一名学习型教师;总结反思自己和学生的交往过程,撰写班级管理叙事、札记等,成为一名实践反思型教师;学校可定期开展班主任交流活动,组织主题研讨、典型案例剖析、带班经验分享等活动,解决班主任实践中遇到的问题;可以邀请一些具有实践经验的班主任来校进行座谈,在传授经验的同时实地指导帮扶新入职班主任的成长;与周边特殊学校建立工作联合体,相互学习,相互帮助;可以到从事特殊教育行业的民营机构参观学习,取长补短。

(四)开展班级课题研究,促进实践反思能力的发展

在班主任的专业发展中,科研和实践的有效结合对班主任专业技能的提升有重要意义。班主任要自觉成为一名"行动研究者",在班级实践中发现问题、研究问题、解决问题。特殊学校的班级建设就是最好的科研阵地,班主任可结合自己的工作实际,制定或参与相关的课题研究,通过研究与反思,把实践经验上升到理论,或将理论转化为自己的实践。

(五)完善班主任岗位职责,健全考核评价制度与机制

班主任评价是对班主任的工作或潜在能力做出判断的活动,它的基本目的是促进班主任的专业发展与提高班主任的工作能力。目前,各地已经开展班主任职级制,分为初级一、二档、中级一、二档、高级一、二档,共三级六档,并配套班主任津贴,充分调动班主任工作的积极性。因此,特殊学校的班主任管理者应当本着公平、公正、公开的原则对本校班主任的工作实施考评,并设立相应的激励机制,以便更好地激发班主任的工作热情,让优秀的班主任在专业化前进的路上更具动力。

任务三 特殊学校班级管理中的其他成员

在特殊学校班级管理中,除了学生和班主任外,还有一些其他的重要成员,如副班主任、科任教师、陪读家长、义工等。他们在特殊学校的班级管理中也发挥着不可或缺的作用,承担着教育特殊需要学生的任务。正是这些成员的存在,特殊学校中的班级管理才更加系统、完整、有效。

一、副班主任（助教）

副班主任是指协助班主任完成班级管理的教师,又称助教或助理班主任。在普通中学,助理班主任不一定是由教师担任,也可由优秀的学生担任。这里的副班主任特指科任教师担任的副班主任。在中小学校设置副班主任岗位,有助于年轻的科任教师在具有丰富经验的正班主任的指导下尽快地成长为合格的班主任,促进学校班主任队伍整体素质的提高。

特殊学校中由于学生的特殊性,班主任有时无法独立完成工作,往往需要设立副班主任或助教来协助班主任的工作,共同做好本班学生的思想工作、纪律、考勤、集体活动等。特殊学校副班主任一般由本班的科任教师担任,在培智学校或学前康复班,以及小学一年级的班级,一般都设有副班主任,要求其无特殊情况不得离开教室。副班主任的基本工作任务是对学生进行思想道德和心理品质教育,协助班主任开展班级工作,与班主任合作并独立承担班主任的部分职责和任务。

在特殊学校,副班主任的任用应当坚持自愿与选聘相结合的原则。首先由教师提出申请,然后征求班主任意见,最后经学校审批。在搭配上,班主任和副班主任可以双向选择。在管理班级的过程中,副班主任既要与正班主任及时沟通,在发现问题时,要及时与班主任取得联系,协助班主任解决问题,又要独立承担管理班级的工作职责,做好学生思想教育工作。

二、科任教师

科任教师是指承担本班某一门学科教学任务的教师。班级的科任教师与特殊需要学生的交往只限课堂教学。科任教师若上课夹着教案来,下课夹着教案走,不与学生沟通和交流,很难有效地完成教育教学任务。因为学生不是承载知识的器物,而是活生生的需要尊重和交流的人。[①] 作为班级成员的科任教师有了解、接触、理解、尊重学生的需求和愿望的义务。因为了解和熟悉学生对学科教学本身也会有积极的促进作用。

在特殊学校,我们经常会看到"班主任所教的课往往效果好",其中一个主要原因就是班主任对学生的了解比较充分,要求严格。因此,为了做好教学工作,科任教师自己也应有意识地深入了解班级工作情况,增加与学生的接触,参与班级活动,这样既充分了解学生,又同时给学生充分了解自己的机会。科任教师应当与班主任加强沟通,密切配合,共同培养特殊需要学生的良好行为习惯,切忌相互推诿与抱怨。

另外,科任教师要努力学习教育理论和学科专业知识,理解和掌握新时代中小学思想政治教育工作目标与内容,不仅要讲解本学科的知识内容,而且要将德育内容、核心素养贯穿于学科教学之中。同时要针对不同层次的学生,实施分层教学,分层辅导,不断改进和创新教学方法,使全体学生在原有基础上都有所提高。

三、生活教师

特殊学校一般设在城市,普遍为寄宿制学校,因此需要为寄宿生设置生活教师。特殊学校生活教师主要负责做好特殊需要学生住宿、生活等方面的管理工作。生活教师的工作时间是每天正常工作上课时间以外的所有时间,大概分为两部分:一部分是中午午休时间,一部分是下午下课后到第二天上课前。周六日则是 24 小时,一般采取倒班制。

在特殊学校班级管理中,生活教师的工作职责主要是负责学生的起居生活,以及生

---

① 程方平.科任教师应是"副班主任"[J].班主任,2010(6):1.

活习惯、生活技能的培养,并开展德育教育。例如,学生住宿区域内的安全、卫生、纪律和财物管理;关注学生的思想、身体、生活及学习状况,配合政教处、教务处做好学生的思想工作;处理好学生公寓内的偶发事件,对发现的问题及时处理和上报。因此,特殊学校的生活教师要与班主任密切沟通,掌握班级内住校生的生活习惯和行为习惯,了解学生的身体状况、特殊的行为问题以及情绪变化等;还需要掌握一定的特殊教育技能,比如与听障学生手语交流,情绪失控学生的处理方法,日常行为康复训练的方法等。只有相互尊重,密切配合,才能形成教育合力,促进特殊需要学生的全面发展。

四、陪读家长

在特殊教育学校,家长陪读已成为一种家校合作的形式,特别是小学低段班级和有孤独症谱系学生的班级。陪读家长必须是学生的监护人或委托监护人,原则上只需一名家人或亲属陪读,且身体健康。在陪读中,大部分家长起到了照顾学生饮食起居、个别辅导和保持课堂秩序的作用,对班级管理有良好的促进作用。

在特殊学校班级管理中,家长陪读需要满足以下条件,并提出书面申请,经学校同意后方可陪读。①有严重攻击行为,会对他人造成直接身体伤害的学生;②情绪波动大,不服从课堂教育管理,严重影响正常教育教学秩序的学生;③生活不能自理的学生;④其他需要特殊照顾的学生。

陪读家长在校期间应自觉遵守学校的规章制度,不得在教室内打骂自己的孩子,如需教育自己的孩子,必须将孩子带离教室至其他学生视线之外;要服从学校、班主任及任课教师的安排和管理,不得随意出入校园;上课期间,陪读人员不得接打电话,不得随意进出教室,不得影响正常教学秩序。

总之,陪读家长的出现,在一定程度上缓解了特殊学校师资不足的状况,保证了教育教学质量。但另一方面,陪读家长也带来了一系列问题,如学生的依赖心理增强、代替老师发指令、影响学生自学和思考、过度保护等。因此,在特殊教育实践中,还需要适当引导陪读家长的活动,予以培训和辅导,扬长避短,让陪读家长以更合适的方式满足特殊需要学生的教育需要。

五、义工（志愿者）

义工是义务工作者的简称，也叫志愿者，指基于社会责任及义务，自愿贡献自己的时间、精力、技能，为促进社会的改善和发展，无偿参与社会服务的人员。特殊学校班级管理中的义工特指固定时间到班级义务服务特殊需要学生的工作人员，区别于临时性或节日性的献爱心活动人员。随着社会的文明进步和特殊教育事业的发展，特殊学校接纳的义工人数越来越多，如何发挥好义工的服务与作用，成为特殊教育管理中需要考虑的问题。①

特殊学校中的义工是来自社会各种职业、各种年龄与性别的社会成员。主要包括特殊需要学生的家长或亲友，在校就读的大中小学学生，还有解放军官兵、机关干部、企事业职工、医务工作者、离退休人员等各类社会成员，他们大都有一技之长，并热情、善良，愿意服务特殊需要学生的学习和生活，支持特殊教育学校的教学与管理工作。

从班级管理的角度看，义工的到来，使特殊需要学生能接触较为广泛的社会成员，增进了他们对社会角色的更多了解，扩大了他们与社会的交流面。义工还能帮助特殊学校班级教师解决人力资源不足的问题，增强班级管理支持系统的力度，给予特殊需要学生更好的学习和生活支持。

从特殊学校管理的角度看，学校应当开放办学，充分利用义工等社会资源服务教育教学工作。义工在特殊学校工作时，需要先明确其应具备的素质要求和纪律要求，并接受筛选。通过面试的义工需要进行简单的岗前培训，主要有特殊儿童教育观、教育流程、教学法、教学管理等入门培训，然后按照各自的能力和喜好分配任务。义工结束服务时，应告知班级负责人，且双方可就义工工作情况进行简短评议并记录。

一般而言，义工工作多为辅助性服务，如起床、就寝、用餐、外出活动、作业辅导等，还有一些义工会承担职业技能、生活技能、劳动技能的教学工作。

---

① 张文京.特殊教育班级管理与建设[M].重庆:重庆大学出版社,2017.

本章小结

班级成员主要由特殊需要学生和班主任组成。班主任主要负责班集体的建设与发展,对特殊需要学生的健康成长负主要责任。因此,班主任要明确自己的角色和作用,全面了解自己的职责,熟悉班级学生的身心发展特点,以及他们适应班级管理活动的过程,深刻理解特殊需要学生在班级管理中的角色和地位,创造条件发挥学生的自我管理作用。另外,根据特殊学校的工作环境,班主任还要了解班级管理过程中可能涉及的人员,如副班主任、科任教师、陪读家长、义工等,知晓他们的职责和任务,积极沟通,协调各方力量,形成班级管理的教育合力,创造良好的班级育人环境,助力特殊需要学生的全面发展。

讨论与探究

1.特殊需要学生在班级管理中处于什么样的地位,充当什么样的角色?

2.班级管理中学生的身心发展特点有哪些?

3.特殊学校班主任充当什么样的角色?

4.特殊学校班主任的职责是什么?

5.特殊学校班级管理中的其他成员有哪些? 分别发挥什么作用?

项目三 特殊学校班级管理的目标与计划

本章旨在阐明特殊学校班级管理目标的内涵特点,明确目标与计划的关系,计划要围绕目标展开。凡事预则立,事先预设好全面可行的班级目标是做好班级管理工作的第一步。特殊学校是教育系统的子系统,面向有特殊需要的学生,需要全面落实党和国家的教育方针与政策,因此班级管理的目标既受到国家与社会的宏观影响,又受到特殊需要学生个体的微观影响。特殊学校的班级管理工作计划一定要围绕特殊学校的育人目标逐步展开,以便形成班级特色。

学习目标

1. 掌握特殊学校班级管理目标的内涵与特点,了解班级管理目标的类型。

2. 熟悉特殊学校班级管理目标制定的依据,掌握班级管理目标的制定原则和程序。

3. 了解特殊学校班级管理计划的结构,以及班级管理计划的执行过程。

4. 能就某类障碍学生班级制订班主任工作计划。

任务一 特殊学校班级管理的目标

班级管理目标是特殊学校班级管理工作的核心,是建设优秀班集体的灵魂。因为特殊学校班级管理效果的好坏受到目标的制约,如果班级管理目标清晰具体、全面合理,适合本班有特殊需要学生的实际,就有利于班级管理工作向既定目标稳步前进,更好地发挥班级的育人功能。

一、特殊学校班级管理目标的内涵特点与类型

目标是行为主体为某一行动预设的最终目的,是行为主体争取达到某种预想结果的标准或状态。班级管理目标则是班级管理主体与班级成员积极互动,通过成系列的管理行为活动,在一定时期内班集体所期望达到的状态。因此,特殊学校班级管理目标的内涵是根据有特殊教育需要学生的成长规律,通过成系列的管理行为活动,特殊学校班级管理主体与班级成员共同预设的在一定时期内班集体所期望达到的状态。

(一)特殊学校班级管理目标的特点

特殊学校班级管理目标主要具有社会性、育人性、层次性、可行性四大特点。

班级管理目标的社会性是指班级是一个社会组织,它是整个社会系统的一个组成部分,其管理目标要与社会性质、社会发展的总目标相统一。《残疾人教育条例》(2017 修订)规定,特殊学校应当贯彻国家的教育方针,落实立德树人的根本任务,并根据有特殊需要学生的身心特性,全面提高其素质,为其平等地参与社会生活创造条件。

班级管理目标的育人性是指班级管理要尽量考虑有特殊需要学生的缺陷补偿功能,充分挖掘其发展潜能,为班集体成员的学习和发展指明奋斗的方向,通过系列化的班级活动培养其生活技能和集体生活能力,着眼于终身发展能力。

班级管理目标的层次性是指班集体作为一个团队,其预设的目标需要多个层次目标来实现。[1] 建立团结互助、积极向善、民主和谐的班级管理目标,是特殊学校共同追求的目标,但其比较抽象,是纲领性的目标。必须将这一总目标分解为各个层次的子目标,才能实现总目标。

班级管理目标的可行性是指班级管理目标的制定必须结合班级的实际情况,符合班

---

[1] 张作岭,宋立华.班级管理[M].3 版.北京:清华大学出版社,2019.

级管理的规律,有具体的内容可操作,在一定时期内能够实现。

(二)特殊学校班级管理目标的类型

特殊学校班级管理目标由于依据的划分标准不同,其类型也会有所不同。以目标主次程度为标准可将其分为主要目标和次要目标;以预期时间长短为标准可将其分为长期目标与短期目标;以实际情况对目标的限制为标准可将其分为必达目标和争取目标;以目标性质为标准可将其分为任务目标和班级建设目标;以目标内容的抽象程度为标准可将其分为一般管理目标、具体管理目标和领导工作的目标;以目标主体指向为标准可将其分为组织系统目标和组织成员目标等。①

作为特殊学校班级管理的主体——班主任而言,主要明确必达目标和争取目标、长期目标和短期目标、任务目标和班级建设目标、组织系统目标和组织成员目标这四类。

必达目标和争取目标,顾名思义,就是班级管理必须要达到和争取达到的目标。由于特殊学校班级的学龄阶段不同,残障类型不同,班级集体成员的发展需要不同,所以班集体只能根据自己班级的具体情况制定该集体在某一阶段的必达目标。例如,某班级在春季学期中由于清洁卫生和纪律等问题未能获得过一次流动红旗的荣誉(流动红旗每周流动一次,每学期18周,红旗流动17次)。鉴于这样的情况,班主任在秋季学期开学之初制定了这样的目标:一学期中获得3~5次流动红旗。在这里,"一学期获得3次流动红旗"为必达目标,而"一学期获得5次及以上流动红旗"为争取目标。

长期目标和短期目标,是班主任接手一个班级后,根据学龄阶段的特点,制定的三年班级管理目标就是长期目标;根据学校一学期的任务安排,制定的每个月或一学期的班级管理目标则是短期目标。

任务目标和班级建设目标,是依据班级管理目标的性质不同而加以区别。任务目标指向一个一个具体的活动任务,而班级建设目标指向班级成员在成系列活动后班级要达到的一种状态。例如,学校要举办秋季运动会,要求某班级负责运动会期间学生场地的卫生服务工作,此时,圆满完成运动会期间学生场地的卫生服务工作即成了该班级在运动会期间的任务目标。而通过运动会期间学生场地的卫生服务工作,培养班集体团结互

---

① 张作岭,宋立华.班级管理[M].3版.北京:清华大学出版社,2019.

助、热爱劳动、爱护环境的良好班风则是班级建设目标。

组织系统目标和组织成员目标,是依据班级管理目标的主体不同而加以区别。组织系统目标是指全体班级成员共同奋斗的目标。组织成员目标是指班级中某一个或某几个成员需要奋斗的目标。班主任要使二者协调地发展,既要考虑到组织系统目标,又要照顾到组织成员目标,只有这样,才能发挥目标的激励作用,促进班级管理目标的实现。

二、特殊学校班级管理目标的制定

特殊学校班级管理目标的制定要尽量以学生的全面发展为根本,结合班级实际情况,积极落实党和国家的教育方针与政策,努力实现学校的育人目标,最大限度地满足学生的特殊教育需求。下面从班级管理目标制定的依据、原则与程序三个方面进行详细叙述。

(一)特殊学校班级管理目标制定的依据

由于班级承担着特殊学校最基本的学生管理任务,因此班级管理目标的制定既要受到国家政治、当地经济、社会文化等因素的制约,又要受到班级自身发展规律的制约。特殊学校班级管理目标的制定必须考虑以下三个依据。

1.新时代党和国家的教育方针与政策

2015 年教育部新修订的《中小学生守则》,主要包括九个方面:爱党爱国爱人民;好学多问肯钻研;勤劳笃行乐奉献;明礼守法讲美德;孝亲尊师善待人;诚实守信有担当;自强自律健身心;珍爱生命保安全;勤俭节约护家园。2019 年,习近平总书记在主持召开学校思想政治理论课教师座谈会上强调,新时代贯彻党的教育方针,要坚持马克思主义指导地位,贯彻新时代中国特色社会主义思想,坚持社会主义办学方向,落实立德树人根本任务,坚持教育为人民服务、为中国共产党治国理政服务、为巩固和发展中国特色社会主义制度服务、为改革开放和社会主义现代化建设服务,扎根中国大地办教育,同生产劳动和社会实践相结合,加快推进教育现代化、建设教育强国、办好人民满意的教育,努力培养担当民族复兴大任的时代新人,培养德智体美劳全面发展的社会主义建设者和接班人。

因此,我国任何一所学校、任何一个班级的教育目标首先是社会主义教育的高度体现,班级管理目标的制定必须以此为基础,结合实际情况,考虑自己的班级如何全面落实党和国家的教育方针与政策。

2.特殊学校具体的教育目标

特殊学校的教育目标是具体贯彻和体现党和国家的教育方针与政策。盲校、聋校、培智学校,它们有共同的办学目标,如:促进特殊需要学生德智体美劳全面发展,尊重个体差异,开发各种潜能,补偿缺陷,克服残疾带来的种种困难,适应现代生活需要;使学生具有爱国主义、集体主义精神和民族精神,热爱社会主义,继承和发扬中华民族的优秀传统和革命传统;具有社会主义民主法制意识,遵守国家法律和社会公德,依法维权;逐步形成正确的世界观、人生观、价值观等。但在盲、聋、培智三类学校之间还有明显的区别,主要依据学生的残障类型和接受能力而设定不同程度与范围的教育目标。

盲校特有的教育目标是初步具有独立生活能力、社会适应能力和人生规划意识。聋校特有的教育目标是具有生活自理能力、社会适应能力和就业能力。培智学校特有的教育目标是具有基本的适应生活、社会以及自我服务的技能;成为适应社会发展的公民。

另外,各地的经济条件不同,特殊学校依据自己的发展水平,会设置一些特色性的班级,如职教班、特长班、特奥项目班等,其班级的教育目标也会增加一些特色性项目。所以班级管理目标必须要考虑特殊学校具体的教育目标。

3.特殊需要学生的身心发展规律

特殊学校的学制一般是九年一贯制或十二年一贯制,包括小学低段、小学高段、初中段、高中段四个学段,有的学校还可能有学前教育段。在不同的学段,特殊需要学生的身心发展规律是不同的,每一个学龄段都有自己的核心任务,学前段的班级任务是康复教育和适应环境,小学低段的班级任务是生活自理能力的培养与课堂行为习惯的养成,小学高段的班级任务是融入校园生活与养成良好行为习惯,中学段的班级任务是增强班级凝聚力与形成班级文化。

另外,在起始班级,如一年级、七年级、高一年级,由于班级刚刚组建,学生相互不了解,其面临的主要任务也不同于其他年级的班级,所以班级管理者要多注意学生的心理发展需要,依据学生的身心发展规律确立恰当的班级管理目标。

(二)特殊学校班级管理目标制定的原则

相对于目标制定的依据或标准而言,目标制定的原则更强调规律性和准则性。具体到特殊学校某一班级,制定班级管理目标还需要遵循以下三条原则。

一是坚持全面发展原则。在制定班级管理目标时要尽量克服只关注单一目标倾向,努力做到关注特殊需要学生的全面发展目标。例如只关注智育,或只关注生活技能,又或只关注功能缺陷,而忽略了学生成长需要德智体美劳全面发展。

二是坚持潜能开发原则。在制定班级管理目标时,要多从学生的实际能力出发,尽量创造无障碍环境,充分挖掘班级成员的特长或优势,提出适宜、可行的目标,让学生"跳一跳"就能够得到,尽量减少残障给学生带来的次生障碍。

三是坚持全员参与原则。班级管理目标的制定要尽量让学生参与进来,努力满足班级学生的兴趣和愿望,尽可能多地引导全体学生或班级成员(任课教师、生活老师、陪读家长)自己提出并完善班级目标。

(三)特殊学校班级管理目标制定的程序

制定出正确、具体的班级管理目标,是班级有效管理的先决条件。具体来说,特殊学校班级管理目标制定的程序包括以下几个环节。

1.全面收集资料

特殊学校班级管理目标的制定需要以班级的客观现实为基础,只有充分掌握班级内外的信息,才能制定出合理的目标。如何了解班级的现实状况呢? 收集资料。对外而言,特殊学校班级管理者要收集国家的教育方针与政策,掌握特殊学校对班级发展的具体目标要求;了解班级所处地区的社会经济状况,掌握社会、家庭、家长对班级发展的要求与对特殊需要学生成长目标的需求。对内而言,要分析班级内部的现实条件,如人力、物力、财力、师资等条件状况,了解班级成员的特殊需要、对班级发展的期望等方面的信息。

2.提出目标方案

收集完信息资料之后,特殊学校班级管理者要将信息资料进行归类分析,进而提出管理目标的具体方案。首先明确要达到的目标;其次要说明达到目标的限制性条件,存在着哪些有利条件、哪些不利条件,以及达到目标所需要的人力、物力、财力资源;再次要说明实现目标方案的途径、策略和步骤,这是目标方案最为关键的内容;最后要对影响目标实现的不确定因素进行预估计。

3.评估目标方案

确定了备选的目标方案后就需要对该目标方案进行分析和评估。特殊学校班级管理者要从班级内外部的实际情况出发,具体分析目标方案是否具有科学性,并对其科学性程度进行测定说明。还要结合班级管理者的自身特点与学生的障碍特征分析目标方案的可行性。班级管理制定的目标既不能太低,太低了没有意义;也不能太高,太高了实现不了。切实可行的目标方案才是最重要的。

任务二　特殊学校班级管理计划的制订与执行

特殊学校班级管理计划主要是班级工作计划,它是班级管理者——班主任根据班级管理目标,结合班级实际情况,对班级一学期或一学年的工作预先拟定的具体内容和行动步骤。制定科学的、切实可行的班级工作计划是班主任工作的重要内容,是班主任的事业心、责任感和心智才力的结晶。

一、特殊学校班级管理计划的制订

一个高质量的班级管理计划就是班级管理预定目标的实施方案。管理计划的酝酿、内容、实施都应紧紧扣住预定目标。既借鉴优秀班主任的管理经验,又体现本班全体成员的共同愿望,形成独特风格。①

（一）班级管理计划的类型

在班级管理的过程,班级管理计划是有多种类别的。从时间上分有周计划、月计划、学期计划;按范围分有个人计划、小组计划、班级计划;按性质分有单项计划、综合计划。如班级学期计划是综合计划;特殊需要学生的个别教育计划是个人计划;上报周活动计划或月工作安排则是周计划或月计划。

一般而言,班级学期计划是全学期的总安排,其他计划都是为实现和落实这个总计划服务的。

（二）班级管理计划的结构与要求

班级管理计划的格式有文字式、表格式,以及文字加表格式,其结构一般分为三个部分,即标题、正文、结尾。

1.班级管理计划的结构要求

下面以班级学期计划为例予以说明。

表 3-1　班级学期计划的结构

结构名称	包含内容
标题	班级计划的单位、时间、名称、类型等
正文	1.前言,简要说明班级计划制订的依据、指导思想、班级基本情况及分析、工作重心等 2.目标,主要措施,步骤,活动时间与内容的安排,以及注意事项或保障措施,检查、评价方法等
结尾	署名,制订人及日期

标题:应点出计划的单位、时间、名称、类型,达到一目了然的效果。如×××特殊教育学校××年级××班,202×—202×学年度第×学期工作计划。

---

① 郭毅.班级管理学[M].北京:人民教育出版社,2002.

正文:正文是管理计划的主体,尽量既结合学校的工作重心,又使班级工作有自己的特色。应当包括如下内容:

(1)班级基本情况分析。班级概况:男女学生数,学生的障碍类型和程度,学生的学习状况与性格特征等;班级现状:学生在德智体美劳等方面的发展情况,班级状态以及形成原因,班级舆论导向,班干部的协调配合等情况;以及学校、家庭、社会环境对学生的影响等。

(2)本学期的目标要求。根据学校工作计划和班级长期奋斗目标的要求,结合班级基本情况分析,提出本学期为之奋斗的目标要求,包括德育目标、智育目标、体育目标、美育目标、劳动教育目标等,以及班级建设目标等。这部分应写得简明扼要、重点突出。目标的确立既要有挑战性,又要有可接受和可操作性。

(3)活动安排、时间顺序、方法步骤、具体措施。这是班级管理的施工图,是完成本学期目标要求的保障,要写得明确具体,条理清晰。

(4)注意事项、检查办法。这部分要写得明确具体,力求简洁,尽量有明确的分工,以便检查落实。结尾即计划的落款部分,要交代制订计划的日期。

2.制订管理计划应注意的事项

顾全大局,服从整体。特殊学校每一学期都有几项重点工作,班级管理要围绕学校的重点工作开展活动,不要与学校的重点工作唱反调。

实事求是,量力而行。要从本班成员的实际情况出发,确立绝大多数学生都接受的目标与任务,发挥班级管理目标的激励作用。

群策群力,集思广益。班级管理计划要广泛听取任课教师或班级成员的意见,调动班干部、家长、任课教师的积极性。要打破班主任一个人干到底的惯性思维。

机动灵活,留有余地。由于计划赶不上变化,在实施时,要根据实际情况加以修改,尽量让计划顺利实施,保证班级管理计划的严肃性。[1]

---

① 徐玉勇,武宏钧,田耘.幸福课堂的班主任技巧[M].北京:现代教育出版社,2012.

二、特殊学校班级管理计划的执行

特殊学校班级管理计划的执行是班级工作全面展开、全方位运作的过程。班级管理者——班主任要努力做好组织指挥、协调平衡、教育引导和激励推动工作,只有这样才能保证计划的顺利进行。

(一)做好班级常规工作

1.学生接收工作

班主任接收新生一般要经过以下程序:学校政教处和教务处共同召开班主任分班会议,说明分班标准和方式;接受新生名单;协调处理个别学生问题;接收编入本班的学生报到,填写学生情况登记表;寄宿制学校还应给学生分配宿舍。[①]

2.座位安排和调整

习惯上是按身高编排,从前往后,由矮到高。也可以根据特殊学校的实际情况采用半圆形座位。对于盲校班级而言,座位一经确定,就不宜随便调整,以便视障学生形成固定的行动路线。

3.师生见面会

这也可以视为小型动员会。在新学年或新学期开学之初,安排专门时间让任课教师与学生见面,沟通思想,为后续教学活动奠定基础。

4.制定班级制度和纪律

开学之初,应当制定好日常纪律,如卫生值日纪律、手机使用纪律、外出纪律等。由于新生互不熟悉,班主任可任命班干部和课代表,负责班级日常工作。

(二)维持班级正常运行

该阶段的工作大致涉及以下几方面的问题。

---

① 郭毅.班级管理学[M].北京:人民教育出版社,2002.

1.班级秩序异常问题的处理

应通过深入的调查,了解异常的原因,把握问题的本质,然后施以积极、正面思想教育,尽快把问题解决在萌芽状态。

2.协调同学间的不和谐关系问题

应区别不同对象,讲清利害关系,鼓励双方相互谅解,达到消除隔阂、握手言和的目的。

3.处理学困生的教育问题

学困生分为思想型、学习型等。根据不同的原因,采取有针对性的措施,尽量帮助其进步。不应视而不管,任其永远"困难"下去。

4.处理违规违纪问题

违规违纪学生一般比较"聪明",只是由于长期放任自己,养成了不良习惯,所以班主任应耐心细致地进行说服教育,寻找学生的闪光点,鼓励学生扬其长,补其短,争取做健康成长、全面发展的好学生。

5.解决不自觉履行职责问题

如不按时、按质完成值日,不及时完成各学科作业,不履行班级管理职责等问题,班主任要了解原因,采取关爱策略或个别谈话,不宜公开批评,把学生推到对立面。

(三)及时检查与调节

在班级管理的实际操作中,检查和调节几乎与实施计划是同步进行的。在班级计划实施过程中应始终伴随着有效的检查和及时的调节。班主任定期或不定期亲自检查或组织有关同学对班里的重点工作进行检查,会给全班同学一种警示,提醒大家严格要求自己,抓紧时间做好该做的工作。只有这样才能保证班级管理的各项工作有序进行。

特殊学校班级管理的检查与调节方法有巡视观察、个别谈话、听取汇报、座谈交谈等,班级管理者也可以采取随堂听课或参加班级活动的形式了解班级动态,掌握班级的实际情况,为班级管理计划的有效展开提供依据,对不适宜的计划进行调整。

在检查与调节工作中,特殊学校班级管理者应当把严格要求与关心爱护结合起来。

有时需要以"冷面孔"出现,对学生产生一定的心理威慑,引起思想上的震动。有时则需要以"热面孔"出现,关心爱护学生,发现学生身上表现出来的优良品质、可贵精神,发现学生在参与各项活动时表现出来的工作热情和创造才能,班主任要借机大力宣传、积极鼓励,从而激励全班学生不断进步、不断提高。

任务三 特殊学校班级管理计划的具体案例

特殊学校面对特殊需要学生,其班级管理计划因学生的残障类型不同而不同,下面分别以听障学生班级、视障学生班级、培智学生班级为例,给出具体案例,供大家借鉴。

一、听障学生班级的管理计划案例

听障学生由于听力障碍语言发展迟缓,抽象思维水平不高,长期处于动作思维和形象具体思维阶段,大部分学生是非观念淡漠,以自我为中心,责任担当意识不强,小部分学生容易形成小团体,个别学生极易违反班级纪律。因此,班级管理计划重点强调班级规章制度的执行和班级凝聚力的培养,以及德育的个别指导。下面是聋校三年级第一学期的班主任工作计划案例。

聋校三年级第一学期班主任工作计划

两年的班主任工作,使我对我们班级的学生有了更深的了解。他们大部分来自农村家庭,大多数孩子跟着爷爷奶奶过,还有的寄宿在亲戚家里,容易造成一种放任自流的感觉。他们普遍存在感情淡薄、集体荣誉感不强、自觉性差等特点。针对以上问题,我特制订本学期的工作计划。

一、指导思想

认真贯彻党和国家的教育方针和政策,从学校工作和学生思想实际出发,加强自己的思想政治教育和业务素质培训,抓好班级管理工作,提高学生道德素质,努力使班级工作再上一个新台阶。奋斗目标:张扬学生个性,建设班级特色。

二、班级学生情况分析

本班 11 名学生,4 名男生,7 名女生。根据学生平时的表现,将他们分为四种类型:a 类优等生,头脑聪明、学习认真、思维较活跃。b 类学生,学习踏实,上课能认真听讲,积极举手发言,课后按时完成作业,乐于助人,劳动非常积极。c 类学生,头脑聪明,但自觉性偏差,往往不能形成良好的学习习惯,需老师督促。d 类学生,基础较差,头脑不够聪明,反应慢。

三、具体计划及措施

(一)注入比赛机制,发挥档案袋的作用,促进行为习惯养成

根据聋生争强好胜的心理特点,开展多种形式的评比活动,如"班级之星""文明之花""学习小标兵"等。及时收集学生的作品,放在档案袋里。档案袋每天都公开,这样让每一位学生都看到自己的点滴进步。

(二)培养学生认真做事的习惯

低年级聋生好动,注意力不稳定,不持久,尤其是遇到新奇刺激物,总愿意看看、动动。本学期重点从劳动和写作业抓起。全班学生分为五组轮流值日,值日生要报告当天的清洁情况。对学生的书写提出明确的要求:正确、整洁、美观,每次批完后当着全班的面表扬认真写的作业的学生,并说明批语的意思。

(三)积极开展班委、班队活动

选择两名有较强责任心的学生做班主任的小助手,一个负责学生的学习情况,一个负责学生的良好行为习惯的养成,给他们发笔记本,让他们记录学生每日的表现情况。他们每天向老师汇报,老师通过他们的汇报,了解情况后及时处理。认真组织各种活动,如"手拉手、一帮一""劳动小能手"等。

(四)多和家长交流,和学生聊天

利用电话、微信等方式,与家长交流学生的日常生活、学习情况,在家长到校接学生的时间段保证和每位家长进行当面交流,说明孩子的进步表现以及努力方向。利用课余时间与学生谈心聊天,及时提出学生的进步,以及改进的地方。

四、具体工作安排

月份	工作安排
九月	1.开展主题班会"我的暑假生活" 2.师生共创黑板报 3.布置班级文化,创设班级竞争氛围,确立班长
十月	1.认真落实"小学生日常行为习惯",确立小帮手、小能手 2.开主题班会"我爱老师" 3.配合校工作,确立班级中队委
十一月	1.开展学雷锋、做好事活动,评选"文明之花" 2.以校文化艺术节为主题,开展手语朗诵比赛
十二月	1.召开"我爱运动"的班会 2.我画国旗、我画国徽比赛
一月	1.和学生一起做好迎接期终考试工作 2.选举全优生、进步生、优秀干部、好帮手、劳动小能手等

二、视障学生班级的管理计划案例①

视障学生由于视力障碍活动范围减小,生活经历严重不足,视觉型概念形成困难,学生间的个体差异大,对有声语言敏感,心理活动丰富。因此,班级管理计划重点强调行为习惯的养成和团结互助班风的形成,以及心理健康的个别辅导。下面是盲校复式班第二学期班主任工作计划案例。

盲校复式班第二学期班主任工作计划

转眼间,新的一学期又来临了。我深知班主任在学校中的地位是多么重要,因而倍感压力,尤其这是第一次担任盲班的班主任。为了做好班主任工作,使自己能成为一名

---

① 陈进.盲一二年级班主任工作计划[EB/OL].(有删减).

优秀的班主任,我特制订如下工作计划。

一、班级概况

本班共7人,男生3人,女生4人,都属于低视力残疾学生。学生的特殊性,家长对孩子的要求不高,导致孩子没有养成好的行为习惯。班中学生个体差异比较大,在学习上学困生相对比较多,有两位学生学习主动性不够强,所以培养学生的学习习惯及能力、生活能力以及养成教育就成为本学期班级的工作重点。

二、具体措施

1.营造积极向上的班级氛围

让学生在明确本学期班级目标、个人目标的同时,放手让学生参与班级管理,以此培养学生的组织能力、管理能力及责任心,使每个学生都有成功的机会和成就感。培养学生的参与意识,给学生提供显示才华的机会,在潜移默化中使学生逐渐形成自理自治能力,体现学生的主体地位,发掘创新精神。

2.开展丰富多彩的班级活动

根据学校工作计划和少先队工作计划,确定本学期各项活动及主题。如安全第一课、植树节活动、学雷锋活动、六一活动等。活动之前制订好计划,明确活动要求,设计好活动并扎扎实实地组织实施,力求取得主题教育的最大效应。

3.指导培养小干部

精心培养小干部,帮助小干部树立威信;鼓励小干部大胆工作,指点他们工作方法;严格要求小干部在知识、能力上取得更大进步,在纪律上以身作则,力求从各方面起模范带头作用;培养干部团结协作的精神,形成集体的组织性、纪律性和进取心。

4.加强常规检查评比

从学生自身出发,在各方面设立监督岗或负责人,将各项常规工作抓细抓实,力争主动、科学、民主管理班级,切实抓好班风班貌建设。

5.进行礼仪教育

要继续培养学生良好的行为习惯,做到讲文明、有礼貌、守纪律、讲卫生。看见教师能主动打招呼。在公共场合注意形象,不得损坏学校和班级的荣誉。

6.针对特殊学生,开展特殊教育

针对行为习惯差、自控力差的学生,指定小干部对特殊学生的思想品德、学习态度、日常行规等方面进行教育和训练。经常找孩子谈心,建立自信,走出盲童阴影。

三、班主任自我要求

严于律己,做好学生的楷模。积极进行课外学习,不断提高自身素质。注意工作方法,尊重学生的人格,重视学生心理教育,做到以理服人。保持良好的精神状态,感染学生。

三、智障学生班级的管理计划案例

智力障碍学生由于智力障碍认知能力有限,学习迁移能力较弱,再加上智力障碍类型多样,学生个体差异巨大,大部分学生倔强任性,不易感化。因此,班级管理计划重点强调学习纪律和卫生习惯,以及安全意识的培养。下面是益智班第二学期班主任工作计划案例。

益智班第二学期班主任工作计划

本学期我第一次做班主任,而且没有了以往的辅班教师,所有的事情都需要从头开始,慢慢摸索。全新的角色,肩负的是信任和责任,班主任工作计划变得尤为重要。下面就将这学期的班主任计划做如下陈述:

一、指导思想

和上学期相比,学生基本没有变化,由原班9名同学和1名新同学组成。以提高班级集体凝聚力、提高学生的参与意识、提升集体荣誉感为主要努力方向,以学生行为习惯的养成教育为主要内容,注意培养和提高学生的基本道德素质,规范班级日常管理工作,努力探索班级工作的新特色。

二、学生情况分析

本班共有学生10名,其中男生8名,女生2名;住校生4人,走读生6人;孤独症1名(××),脑瘫1名(××),精神分裂症1名(××),智力障碍7名(××等)。班级学生整体情况较好,爱学习、守纪律。班级同学较活泼,但又有分寸,在听见上课铃或老师的指令时就能够停下来,总的来说,学生比较听话,情况比较稳。

三、班级工作重点

(1)行为习惯的养成教育。遵守学校作息时间,不迟到不早退,生病要向班主任请假。听见上课铃立即回到教室安静坐好,上课认真听讲,不扰乱课堂秩序,不随意走出座位,要举手回答问题。课间在老师的带领下活动,不能追逐打闹,大声喧哗,更不可以随意跑到楼下。遇见老师、同学主动向老师、同学问好。自觉维护学校的卫生,不乱扔垃圾,见到地上有垃圾要捡起,扔进垃圾桶。就餐时,要有秩序,排队打餐,在本班位置上就餐,能够爱惜粮食,吃饭时尽量不剩不撒,吃完后主动倒餐盘。按时就寝,能够听从生活老师的安排。

(2)安全方面,加强每位学生的自我保护教育,增强学生安全意识,让学生具有一定的自我保护能力。

(3)鼓励支持学生积极参加学校各项活动,积极参加六一文艺汇演和运动会,力争在校运会等活动中取得优异成绩,增强集体荣誉感。开展丰富多彩的主题班会活动,在集体活动中增强学生的集体荣誉感和班级的凝聚力,使同学们团结互助,共同进步。

(4)做好学生的心理健康教育。针对学生的各种心理问题,能正确及时地给予教育引导,并且争取家长对学校工作的积极配合。

(5)多与学生家长谈话交流,实施有计划的教育。有计划地利用家校交流的时间与家长共同探讨孩子的情况,以及如何教育得更好等问题。

四、具体工作安排

时间	具体工作内容
第一周	1.新学期,打扫卫生,布置教室 2.迎接学生,收取生活费、保险费,签订安全协议,办理开学相关事宜 3.抓好学生常规教育,尽早进入正常秩序 4.加强养成教育
第二周	1.抓好学生常规教育,开展主题班会"讲文明,树新风" 2.进行习惯养成教育,形成良好的行为习惯

时间	具体工作内容
第三周	1.继续抓好常规教育和养成教育 2.加强劳动观念教育,搞好个人卫生和集体卫生
第四至八周	1.继续抓好常规教育和养成教育 2.组织好主题班会活动和学校开展的各项活动 3.讲解清明假期间的注意事项 4.春季是感冒多发季节,叮嘱学生讲卫生,防流感
第九至十二周	1.讲解五一假期间的注意事项 2.积极准备六一文艺演出 3.组织学生参加体育锻炼活动,提高学生身体素质 4.巩固学生的常规教育和养成教育
第十三至十四周	1.为六一演出做准备,排练节目 2.继续抓好常规教育和养成教育 3.组织班级活动,增强集体凝聚力
第十五至十七周	1.向学生普及防暑小常识 2.进行期末考试,布置暑假具体安排 3.进行暑假安全教育

本章小结

本章主要学习了特殊学校班级管理的目标和计划,目标是计划的统领,计划是目标的施工图。特殊学校班级管理目标具有社会性、育人性、层次性和可行性,其依据是党和国家的教育方针与政策、学校具体的教育目标、特殊需要学生的身心发展规律,制定班级管理目标时要遵循全面发展、潜能开发、全员参与的原则。特殊学校班级管理计划有多种类型,其中最主要的是班主任工作计划。结合障碍学生类别,能制订出切实可行的学期班主任工作计划是关键能力,需要在实践中不断探索。

讨论与探究

1.特殊学校班级管理目标的内涵与特点是什么？

2.请举例说明班级管理目标的类型。

3.特殊学校班级管理目标制定的依据有哪些？

4.特殊学校班级管理目标的制定原则是什么？程序有哪些？

5.特殊学校班级管理计划的执行有哪些阶段,以及有哪些工作？

6.请根据某类障碍学生班级制订一份学期班主任工作计划。

项目四　特殊学校班级管理的原则与模式

本章旨在阐明特殊学校班级管理的基本原则,明确班级管理必须遵循的基本要求,提供三类特殊学校班级管理的理想模式。只有在立德树人、德育为先、和谐发展、全面管理、自主参与、平等民主、面向全体、关注个别的原则下,通过营造充满关爱的氛围,建立全面正向的支持系统,养成踏实勤奋的行为方式,培养自觉自律的自主管理能力,争取家校共育形成教育合力,构建多元个别化的评价体系,管理好班级资源和资料等方法和途径,并以特殊学校班级管理的理想模式为参照,才能获得高效的班级管理。

学习目标

1.掌握特殊学校班级管理必须遵循的基本要求,了解班级管理的原则。

2.掌握特殊学校班级管理的基本策略,能在具体实践中运用班级管理的基本策略实现班级管理的实效。

3.了解特殊学校班级管理的理想模式,能结合班级管理的具体活动体现管理模式。

任务一　特殊学校班级管理的原则

班级管理是学校范围内的一种组织活动,是一项复杂的系统工程。班级管理过程有其自身的运行规律,而班级管理的原则恰好处于管理目标与实现管理目标的方法策略之间的中介位置。特殊学校班级管理的原则既有与普通学校相同的共性原则,又有其特殊性原则,需要两者兼顾。

一、班级管理的原则

班级管理的原则是班级管理者组织全体学生,参与学习、劳动、生活、文体活动、班级建设等多项教育或管理活动的指导思想和行动准则。它既不能视为管理活动本身,又不能看作管理内容,它是对班级进行科学有效管理的必要依据或指导,解决的是为实现目标选择和运用何种方法,在什么时机,什么场合运用的问题。

(一)方向性与目标性原则

方向性是指班级管理工作必须坚持正确的方向,用正确的思想引导学生,即坚持社会主义方向,做好学生的思想政治教育。目标性是班级管理过程必须从预设的管理目标出发,实现目标管理,避免工作的盲目性和随意性。新时代,学校教育要坚持为社会主义现代化建设服务、为人民服务,把立德树人作为根本任务,全面实施素质教育,培养德智体美劳全面发展的社会主义建设者和接班人。因此,班级管理者既要考虑到社会的要求,又要考虑到学生自身的发展需求,把方向性与目标性结合起来,为学生的未来发展做好准备。

(二)全面性与整体性原则

全面性是指班级管理工作要始终坚持使学生全面发展。整体性是指班级管理过程要着眼整体,兼顾全局。学生在校园生活成长涉及诸多方面,班级管理要努力实现全体学生德智体美劳全面发展。因此,在班级管理过程中要始终坚持全面发展观,并且面向所有学生,不仅不排斥学生个性发展,而且是以每个学生的自由发展为条件,这样才能实现全面性与整体性的统一。班级管理者从事管理工作要看到全局,使所管的班级服从和服务于全局,使班级的各项工作和活动在方向上同全局的、长远的利益紧密地联系起来。

（三）自主性与民主性原则

自主性是指班级管理成员参与管理，发挥其主体作用。[①] 民主性是指班级管理过程要充分发扬民主，实行民主管理。因此，在以班主任为主的管理者对班级实施管理的基础上，要充分发挥全班学生的积极性，让其充分行使民主权利，共同参与班级管理工作。[②] 强调自主与民主，不是不负责任的"放羊式"管理。坚持自主参与、民主管理的原则，对于培养学生的主人翁精神、创造性、独立性，以及建立和谐的师生关系都有十分重要的意义。

（四）教育性与激励性原则

教育性是指班级管理者对学生要坚持正面引导，耐心教育，以理服人，以情动人。激励性是指班级管理过程要凭借必要的规章制度要求学生，约束其行为，设置合理的管理目标，予以物质或精神激励。因此，班级管理者切忌采取家长式、权威压服的方法，或奴化训练的方法来管理学生。要充分认识管理就是教育，教育也是管理的辩证关系，注重"教"与"导"相结合，在班级管理中要包括全面的教、全面的导，正面的教、正面的导。在教育的同时又必须严格管理，这样才能保证班级正常运行。

二、特殊学校班级管理的基本原则

特殊学校班级管理有着与普通班级管理的相同之处，也因为班级成员的特殊性而有着特殊的一面。因此，特殊学校班级管理的基本原则是结合了特殊需要学生实际的普遍适用的管理原则。

（一）立德树人，德育为先

教育的根本任务就是要解决"培养什么样的人、如何培养人以及为谁培养人"的问

---

① 张作岭，宋立华.班级管理[M].3 版.北京：清华大学出版社，2019.

② 郭毅.班级管理学[M].北京：人民教育出版社，2002.

题。在特殊学校教育中同样必须始终坚持正确的政治方向,培养出合乎党和国家规定的教育方针要求,合乎社会主义社会目前和未来发展需要的合格建设者和接班人。坚持"立德树人,德育为先"的原则,培养特殊需要学生具有坚定的共产主义信仰,正确的政治方向,良好的思想道德品质,为学习和掌握社会主义现代化建设所需要的专业知识打好基础,最终实现全面发展。

（二）和谐发展，全面管理

我国教育的目标是"培养德智体美劳全面发展的社会主义建设者和接班人"。所以班级管理一定要遵循德智体美劳和谐发展,五育并举的理念。每个个体都有自己的独特性,每个个体在德智体美劳方面表现出来的能力都有差异。特殊学校在班级管理的过程中要挖掘个体潜力,明辨是非,塑造良好行为习惯,培养独立思考的能力,培养负责的态度和解决问题的能力,树立和坚定正确价值观,教导并习得正确行为,摒弃不良思想,改变不良行为习惯。

（三）自主参与，平等民主

学生是班级管理的对象,也是班级管理的主体。特殊学校班级管理的最终目的是帮助特殊需要学生实现自我成长,自我管理。因此,在班级管理的过程中,立足学生发展需求,基于学生身心特点,发挥学生个性与特长,让学生在班主任主导下主动参与班级管理全过程,建立师生之间平等的关系,充分发扬民主管理,在参与班级管理的过程中,不断感知和体验生命发展,形成道德自觉,实现理智生成。

（四）面向全体，关注个别

面对特殊需要学生,我们不能选择,更不能放弃。班级里的每一个学生都有发展的需要,因此班级管理应该要面向全体学生,帮助学生正确认识自我,正确对待自己的残疾或障碍,扬长补短,让每一个学生都能获得成长。同时,在特殊学校班级中,个体差异大是班级成员最重要的特征,因此尊重个体差异,关注个别发展需要,为每一个个体的充分发展提供平台和支持,也是班级管理中必须遵循的基本原则。

（五）平安和谐，全面支持

安全是一切发展的基础,也是保证个体获得发展的保障。特别是在特殊学校班级中,让每一个个体在安全的环境中生活学习,是帮助他们健康成长、有效学习、持续进步的必要条件。比如班级里的教室环境布置,要保证不会给学生带来造成身体伤害的安全隐患,学生座位的安排要充分考虑学生的个性特点、学习方式和行为习惯。平安和谐的环境不仅仅是物理环境的安全,还包括心理环境的安全;不仅仅是在班级、在学校,还应该在个体成长的全部环境中,包括家庭和所生活的社区。

对特殊需要学生来说,能促进个体成长的环境除了有安全作为保障,还应该是一个充满正向支持的环境。以学生已有生活经验和先备能力为基础,为学生创造充满信心的心理环境,愉快轻松的生活氛围,促进进步的学习空间。让与个体有关的全部人员都能全方位地参与并帮助个体,实现道德品质的塑造,让自我管理能力的培养贯穿教育的全过程。

任务二　特殊学校班级管理的策略

班级管理策略是指班级管理过程中,为完成预定目标和任务,按照班级教育规律所运用的有效策略。

一、班级管理的基本策略

下面从班级正常运行的角度重点介绍五种基本的班级管理策略。

（一）建立共同目标

建立共同的班级管理目标,能够使师生具有共同参与班级管理的意识,使得班级管理工作从管理者的个人行为变成由全体班级老师和学生的联合行为。班级管理过程中，通过民主讨论统一思想，形成班级公约，制定班级发展规划，明确班级发展的目标。目标是班级师生共同参与讨论制定的，因此具有一致性的特点。在班级管理过程中要坚持以目标为导向，同心协力，主动参与，认真执行，积极落实，必要时需要协调各方力量提供保障，遇到情况需要及时进行调整，才能更有效地保证班级管理工作的有序有效运作。

（二）培养优秀干部

班团队干部队伍是班级管理从管理者管理向学生自主管理转变的重要力量。优秀的班团队干部队伍可以实现班级管理者让班级成员依据教育目标的要求以及班级和自身特点，独立自主管理班级活动，扩大班级成员自主活动的领域，让他们独立自主地对班级事务进行组织决策、制定规则、组织实施、相互协调、自我监督和评价。要打造和培养一支优秀的班团队干部队伍，需要充分肯定学生的主体地位，可以根据学生特点和班级发展需要设计岗位，挖掘角色价值，找到适合个体的发展路径，帮助个体塑造良好行为习惯，独立思考，发现、讨论和解决问题的态度和能力，使班级团队从失控转为可控，从可控转为自控，实现自主管理。

（三）建立管理制度

班级管理制度就是班级运行的规章与制度，既包括班级管理岗位职责，还包括在实现班级目标，开展班级活动的过程中始终坚持执行的规范和要求。班级管理制度要科学合理，表达要明确具体，便于操作，制度的形成要经过班级成员的充分讨论，且相对稳定，不要经常改动。制度制定好后要对全体班级成员进行宣讲，确保每一个人都了解和明确制度的内容和要求。在实际管理过程中还要反复实践，让制度规定真正成为班级成员的行为习惯，成为自觉行动。在制度执行的过程中要坚持认真检查落实情况，监督执行效果。

（四）开展班级活动

班级活动是班级管理过程中必要的载体和手段，丰富且有意义的活动还能够加速班集体的形成。除了学校统一安排的大型活动外，班级还可以根据班级发展目标，班级成员发展需要及个性特点整体设计,开展丰富多彩的主题活动。创设主动参与的机制,让班级成员在活动前积极参与,充分讨论,合理分工,主动设计,贡献个人智慧;在活动中提前准备,充分参与,锻炼工作能力,拓宽生活眼界,丰富成长体验,辨析各种现象,形成独立见解;活动后认真反思总结,巩固成果,改进不足,提升思想境界;在动态过程中满足学生成长需求,富有教育意义,在具体活动开展的过程中成事育人。

(五)形成教育合力

班级管理不仅仅是班主任和学生之间的互动,还需要班级科任老师、学生家长、学校管理者和各类社会资源之间建立有效联系,形成教育合力,为学生成长营造一致的支持环境。教育合力的形成首先要构建一个立体化的沟通网络,良好的沟通是使教育各方在观念上形成共识,在行动上达成一致,在效果上实现统一的必要条件。校内可以体现为师生、生生、个体与小组之间多层次的沟通,校外可以体现为亲子之间、家长之间、家长与老师、社区与家庭、社区与学校之间的沟通。在内容上可以是校规校纪、班级活动、学生的行为表现、思想动态、情感情绪,也可以是时代要求、道德认知、意志品质、品行习惯等。

二、特殊学校班级管理的基本策略

由于特殊学校班级管理的是特殊需要学生,这给班级管理者带来了新的挑战,如日常管理是工作重点,行为规范的养成需要更多时间与支持,学生在学业上普遍存在目标不高、巩固困难,沟通与互动能力不足等问题,扩大了管理范围,增加了管理时间与难度。所以,特殊学校班级管理采取的管理方法和策略有一些新特点,这样才能维护班级正常秩序,保证教学质量,实现育人目标。下面从宏观的角度列举七条班级管理的基本策略。

(一)营造充满关爱的氛围

充满爱的教育才是真正的教育。这种爱需要建立在了解、信任、关心、支持的基础上。尤其在特殊学校的班级里,每一个个体都更加需要爱的呵护,对班级成员的个性特点、发展需要有充分了解,家校之间、师生之间、生生之间相互信任,坦诚交流,主动协商。班级管理者要主动了解和掌握学生的互动轨迹,主动协调各方,搭建支持平台,以便更有效地进行思想教育和帮助学生良好品行习惯的养成。

（二）建立全面正向的支持系统

特殊学校班级是一个特殊的集体,除障碍特殊外,学生还需要更多的环境支持。这个集体教育质量的好坏,除了依靠班级管理者和成员自身的努力外,还需要班级支持系统各要素的力量整合,共同发挥作用。例如,班级管理中要打造优秀的班干部队伍,树立典型榜样,引导建设良好班风,公平执行班级规则;对于个别特殊需要学生,这个系统中可能还需要居家生活的协助和个别化干预方案的支持;创设结构化的班级环境与时空管理,引导特殊需要学生自主进行行为管理。① 特殊学校班级管理者要明确正向的支持是给学生更多的实践机会或平台,而不是剥夺他们行动的机会,更不是限制活动空间,要敢于让学生在班级活动中尝试与实践。

（三）养成踏实勤奋的行为方式

道德行为是道德认知和道德意识的外化。特殊学校班级管理的重要任务之一就是让班级成员养成良好的行为习惯。在集体生活中尊重集体制定的规章制度,爱护公共财物,爱惜集体荣誉,积极参加集体活动,养成良好的行为规范;在学习上专心听讲,勤于思考,积极进取,勇于挑战和突破自我;在人际交往中了解交往的原则,掌握正确的交往方式和技巧,与同学、舍友互相尊重,团结互助,尊重师长,文明懂礼,诚实守信,积极健康地交往;在家庭生活中乐观向上,尊老爱幼,体贴家人,热情待客,勤劳简朴;在个人卫生健康方面,注重仪表,珍爱生命,规律作息,积极锻炼,养成良好健康习惯。

（四）培养自觉自律的自主管理能力

特殊学校的班级管理者往往会出现担心学生做不到、做不好而大包大揽,甚至出现越俎代庖的现象。这样的做法往往会让学生对老师产生很强的依赖意识,限制了学生主动适应的积极性,学生自主发展、自主管理的能力也受到影响。在班级管理过程中,班主任要做到"收放结合、抓大放小"。所谓的"抓大"就是培养学生具有积极向上的人生态

---

① 刘文雅,郭启华.培智班班级管理中结构化教学理念和策略应用[J].绥化学院学报,2020,40(10):48-52.

度,勇敢无畏的意志品质,良好的合作精神和人际交往能力,较强的动手实践能力,终身学习不断创新的能力。所谓的"放小"就是学生自己能做的事一定要让学生自己来做,班主任切忌事事包办,在把握大的原则和方向的前提下,给予学生充分的自主权。班主任和科任教师为学生做示范,教方法,理思路,勤总结,助反思,让学生能够生活上自理、知识上自学、行动上自律、决策上自主、评价上自省、心态上自控,实现自主管理、自主发展。

（五）争取家校共育，形成教育合力

特殊需要学生的家庭教育是特殊教育中不可或缺的一环,在班级管理中,班主任与特殊需要学生家长必然有很多深入的接触,承担着与家长沟通的责任。学校和家庭如果能携手共同伴随孩子成长,形成有效的教育合力,势必会让特殊儿童获得更有质量的教育服务。班级管理者要帮助家长建立与学校教育相一致的教育共识,相互尊重,彼此信任,这是双方建立积极正向的合作关系的基础。要主动积极帮助家长掌握建立良好和谐亲子关系的方法,设计加强家庭成员联系和沟通的亲子活动,针对性地教给家长在家进行学业辅导、康复干预的方法和技术,让学校教育的效果得到很好的延伸。

（六）构建多元个别化的评价体系

班级管理评价是以班级管理目标为依据,运用可操作的科学方法与手段,通过系统地收集有关班级管理的信息,对班级管理的过程和结果作出价值上的判断,并为被评价者的自我完善和有关部门的科学决策提供依据的过程。[①] 在班级管理开始前进行诊断性评价,充分了解班级管理的内外部环境和班级成员的特点;在班级管理过程中针对班级成员的思想行为变化和管理效果采取过程评价;在相对一段时间的班级管理后对整个班级管理目标实现的效果作总结性评价。在特殊学校班级管理中,班级管理评价应贯穿在班级管理的全过程,可以有效促进班级管理目标的达成。同时,班级管理评价要根据不同类型的特殊需要学生有不同的侧重点。评价的主体可以是学校有关部门、班主任、科任老师、家长及学生自己。评价内容可以多元丰富,可以是班干部的履职情况,可以是学生的具体行为表现,可以是学生的进步情况,可以着眼于具体的工作具体的措施,也可以

---

① 张文京.特殊教育班级管理与建设[M].重庆:重庆大学出版社,2017.

评价班级管理整体目标的实现程度,或者班级活动的教育价值等等。

（七）管理好班级资源和资料

在特殊学校班级管理中还有一项重要工作是对班级资源和资料的管理。所有与班级教育教学有关,对班级教育教学起作用的事物都可称为班级资源和资料。它包括有形的和无形的,物质的和精神的,校内的和校外的。[①] 特殊学校班级管理中对班级资源和资料有着特殊性,包括特殊的教学用具,学生的个人档案、诊断评估资料和个别化教育计划等。班级资源和资料会影响班级管理目标的制订以及诊断与评估方案的设计,往往比普通学校要耗费更多的时间和人力,也要求更加细致和个别化。因此,班级资源和资料的管理要物尽其用,高效便捷,科学规划,严格管理。在必要的时候除了进行购置,还需要班级老师或家长进行设计,开发适合本班需要的资源和资料。在工作交接的时候,也要注意做好清点和说明,以便后续班级管理工作的有效开展。

任务三　特殊学校班级管理的理想模式

在班级管理的运行过程中,由于班级管理者的学生观不同,工作风格不同,对教育本质的认识不同,所采用的班级管理模式也不同。错误的观念和思想必然导致错误的管理模式,如高压监督的警察式、事无巨细事必躬亲的保姆式、上级布置什么就干什么的事务式、不负责任的放羊式管理等。[②] 所以,只有正确的观念和思想才会形成正确的班级管理模式。

---

① 张文京.特殊教育班级管理与建设[M].重庆:重庆大学出版社,2017.

② 檀传宝.德育与班级管理[M].2版.北京:高等教育出版社,2013.

一、班级管理的理想模式

模式是指从生产生活中经过抽象和升华提炼出来的核心知识体系,是事物存在的一种框架和运行程序,是将解决问题的知识方法总结归纳到理论的高度。班级管理的模式是指在班级成员共同的价值理念的指导下,班级管理者和班级成员体现的基本框架和运行程序,以实现培养目标和班级管理计划。正确的班级管理理念应该是在立德树人的指导思想下,以培养合格的社会主义建设者和接班人为目标,以个体增能和环境支持的内外化双向互动为特色,实现班级成员的全面发展。

班级管理的模式主要有以人为本、动态发展、整体提升、民主管理、自主参与等几种。[①] 每个学段的学生会呈现出不一样的身心发展特点,这几种模式在班级管理实践中不应该一成不变,而是根据学生的身心变化和发展需要选择最合适的模式,或者几种模式融合运用,动态生成。

二、特殊学校班级管理的理想模式

新时代,随着经济与科技的发展,国家越来越重视特殊教育事业,越来越多的特殊需要学生享受到了更加充实的教育服务。那么,作为提升教育教学质量的基层组织的班级,应该如何管理与运行才能让特殊需要学生健康全面成长,这是所有班级管理人员应该思考的重要课题。在此,围绕立德树人这一根本任务,分别从盲、聋、培智三类学校谈一下"以生为本"的班级管理理想模式。

(一)盲校班级管理的理想模式

盲校的学生被认为在很多方面与普通学校的学生有着相同的发展规律和特点,但他们又因为自身的生理障碍而存在着差异。因此,盲校的班级管理模式在与普通学校班级管理模式有着共性基础上,也有着自己的特别之处。

---

① 檀传宝.德育与班级管理[M].2版.北京:高等教育出版社,2013.

盲校的孩子因为视力障碍，身体活动和感知世界的范围和方式比较局限，再加每个孩子致盲原因、致盲年龄不同，往往造成个人习惯、个性气质、意志品质上的不同。良好的班级管理能为盲生营造一个积极健康、包容民主的环境，帮助他们树立信心，养成良好习惯，提升学习效果，促进全面发展。

理想的盲校班级管理模式首先要立足盲生的身心特点和发展目标，根据班级里学生年龄、学段的特点，收集关于学生认知水平、个性特点、兴趣爱好和成长期待，以及家庭成长环境、家长的期望等信息资料，还要考虑到班级里同伴之间的关系等因素，明确班级成员的发展方向。

其次，班级管理者客观分析以上信息，科学研判，和班级成员一起拟定班级发展目标和管理方案。在拟定目标和制定方案时要兼顾班级发展的整体性和个体的差异性，并要综合班级管理的直接关系人，如科任老师、家长以及学校相关管理部门的意见，拟定出科学合理且具有可行性的方案。方案制定后再由班级成员进行充分讨论，修改直至大家认可，方可进入实施阶段。

为了保障实施的持续有效，除了在制定方案的时候要科学合理，充分考虑，在实施的过程中还要不断地进行比较、权衡、反馈、调整和修订。学生身心处在一个发展的阶段，时时刻刻都在发生着变化，他们所处的环境和周围的事物也在不断发生着变化，因此在实施班级管理的时候要根据班级管理的外部环境和内部条件的不断变化而不断探索、开拓和创新。这是一个动态生成的过程。

在班级管理的过程中要创造条件充分调动班级成员的主动性和创造性。班主任、科任老师、家长和学生之间要相互尊重，充分信任，特别是班主任、科任老师和家长要以民主的态度与学生进行沟通，多听听学生的心声和想法，鼓励学生敢于表达，主动参与，要重视和挖掘学生的优点和潜能，开展丰富的活动，创造机会让学生愿意也懂得如何展示自己的个性和特长，发表自己的思考和意见，引发学生的自主意识，让学生在感受成功喜悦的过程中产生自我教育的愿望和主动参与的积极性，实现从他律到自律的转变。

班级管理过程中要为学生创造机会不断促进学生的社会化成长。班级是学生自主管理、自主活动、自主发展的场所。在班级管理过程中努力创设自由、平等、民主的环境，敢于放手让学生自我管理，在自我管理的过程中引导和鼓励学生广泛参与讨论班级发展，监督管理班级事务，学会沟通，学会合作，学会正确认识、评价自己和他人，不仅可以让学生通过主动参与、自主管理提高班级管理的效果,还能够很好地促进学生的社会化,对以后不断实现自我发展和融入社会有很大帮助。

（二）聋校班级管理的理想模式

聋校班级的学生大多智力处在正常水平,许多聋人在自己的领域都取得了非常卓越的成就。但由于听力受损,他们在理解抽象事物时比较困难,在产生情感共鸣、形成正确的道德观念方面存在困难,这使得聋校的班级管理和德育工作与普通学校相比有一定的差异。良好的班级管理不仅可以提升学习氛围,还可以更好地帮助聋人培养自尊自立自强,勇于接受挑战,敢于突破自我,不断追求自我价值实现的精神品质。在科学研究成果和工作实践中,聋校班级管理的理想模式兼具立德树人、民主开放、自主管理、提升整体、关注个别、动态生成等特点。

理想的聋校班级管理模式要以立德树人为根本要求。实现人的发展是教育的根本目的,坚持把立德树人作为教育的中心环节。在这个根本任务的指引下,我们要培养有坚定共产主义信念,有自我发展动力,有团队合作意识,能适应社会发展,有创新能力的合格社会主义建设者和接班人。

理想的聋校班级管理模式应当以现代的教育理念为指引。班级管理者与班级成员之间应该是平等和谐的关系。班级的发展规划、班级活动等重大事项班级管理者应当以民主的态度与班级成员协商,以开放的态度接受每一位与班级管理有关的人员的建议,调动成员的主动性和积极性,激发他们的潜能。班级管理者应当对班级成员的年龄特点、身心特点、思维方式、个性特点有充分的了解,与科任老师和家长有良好的沟通。在民主协商、广泛参与的过程中,班级成员也能逐渐正确认识自我,准确进行自我评价,有效进行自我管理。

一个好的班级管理模式应该考虑到班级管理的整体效果,兼顾班级成员的个别化发展需求,为班级发展找到最优方案,整体规划,系统思考,把班级发展的整体目标和成员的个人发展目标结合起来,把班级发展的长期目标同中期目标、短期目标统一起来。

聋校班级在设计和实施班级活动方案时,要考虑学生的听力障碍特点,善于创造富有教育意义的情境,鼓励学生主动参与,在情境中充分体验,主动探究,勤于反思,总结提升。在参与情境的过程中,老师要帮助学生产生情感共鸣,促进学生养成良好行为,形成良好的道德品质,将德育思想形成道德意识,形成自觉的道德行为。

同时,班级管理的模式不是一成不变的,也需要根据管理对象的年龄、道德意识、道德认知、道德情感和道德行为的发展变化而调整。这种动态调整是建立在尊重学生身心发展规律的基础上有序的动态生成。有序保证整个班级管理系统的稳定和有迹可循,也就是说这个系统中的各种要素要处于相对一致、相应的行为规范和标准中,对任何人来说标准和要求是一致的。动态则保障了调整的弹性和针对个体成员的适切性,在具体的班级管理形式和措施上可以多样性,以保持管理的平衡和有效。

(三)培智学校班级管理的理想模式

培智学校班级的学生类型差异大,多伴随有不同程度的情绪行为问题,从课堂常规的遵守到各个领域的发展,从班级发展规划到学生的个别化教育计划的实施,课程学习和班级管理很难明显地界定清楚。因此,班级管理除了立德树人、民主开放、自主管理、提升整体、关注个别、动态生成等基本模式,将班级管理与结构化环境和功能性课程的设计、实施以及评价进行全方位、全过程的有效整合,是培智学校班级管理的理想模式。

培智学校班级的学生以智力落后、脑瘫、发育迟缓、孤独症及多重障碍儿童为主,他们通常在感知觉、认知、动作、社交、生活适应等方面发展迟滞。对他们的教育要基于对他们认知加工与学习方式及行为方式的充分理解,班级管理中要充分发挥环境育人的作用,除了班级老师、家长的教育,班级环境的建设也发挥着非常重要的地位和作用。结构化的班级环境采取直观化的方式处理环境、内容和程序,对培智学生来说可以充分运用视觉提示策略,将一天的活动进行组织和计划,并以视觉可见的形式呈现出来,清晰划分空间和活动,减少无关干扰及由此产生的焦虑,避免出现不知所措和无聊的等待,帮助学生表现出符合要求的行为,有效减少因缺乏主动性和独立性带来的依赖,规避因冲动焦虑产生情绪行为问题,更好地帮助他们理解环境的意义,适应环境和任务的转换,帮助他们集中注意力,有目的、有秩序、高效率参与活动,独立进行学习,实现有效的自我管理。

培智学校学生大部分存在语言表达和沟通的障碍,生活适应能力不同,往往伴随有不同程度的情绪行为问题。在培智学校的班级管理工作中,学生的行为管理和塑造是一项非常重要和必要的任务。个别的抽离式行为干预和管理往往能快速取得效果,但学生的情境泛化效果并不尽如人意。自然情境下尤其是建立了正向行为支持系统的行为干预往往会获得更加稳定和持久的效果。培智学校的班级管理过程中往往要充分利用自然情境中的教育契机,创设教育环境,师生之间和生生之间都能形成具有教育性的互动体验。班级管理的内容包含针对班级学生存在的各种情绪行为问题和生活适应问题的行为管理任务。

培智学校班级学生类型复杂,身心发育个体差异大,认知和学习方式不同,需要有针对性的课程设计和个别化的教育计划。这些课程的设计和个别化教育计划的拟定与实施涉及学生的各大领域,因而培智学校学生的个别化课程设计与班级管理相结合,能有效促进学生的发展,满足学生的个别化发展需要。班级管理者根据学生的个性化需求和认知、行为方式,引导班级不同学生个别化发展的同时保持同步的协调行动,教师要根据掌握情境、环境、学生人格特质等因素匹配最合适的管理策略。

本章小结

本章主要学习了特殊学校班级管理的原则和策略,要坚持立德树人,德育为先;和谐发展,全面管理;自主参与,平等民主;面向全体,关注个别;平安和谐,全面支持的原则,运用为学生营造充满关爱的氛围,建立全面正向的支持系统,养成踏实勤奋的行为方式,培养自觉自律的自主管理能力,争取家校共育形成教育合力,构建多元个别化的评价体系,管理好班级资源和资料等策略。特殊学校班级管理的模式要依据特殊需要学生的类型与发展特点,借鉴普通学校的民主开放、自主管理、整体提升、动态生成等模式来实施。尤其需要注意的是,在培智学校的班级管理工作中还需要通过多种途径构建结构化空间和功能性课程设计来与班级管理有机整合。

讨论与探究

1.特殊学校班级管理的基本原则是什么?

2.特殊学校班级管理的基本策略有哪些?

3.请根据某学段某类障碍学生特点,谈谈班级管理的理想模式。

项目五　特殊学校班级管理的常规

本章重点讨论班级的常规管理,主要围绕特殊需要学生在校一日活动的行为规范进行制度化的管理,这项工作既是管理任务,又是管理手段。特殊学校实施班级常规管理要结合特殊需要学生的障碍类别,熟悉学生常见的不守常规行为,综合考虑预防策略、支持策略和纠正策略。班级管理者需要了解班级时间管理的原则和注意事项,培养特殊需要学生时间管理的能力,使其达到自我管理。

学习目标

1.掌握班级常规管理的内涵,了解班级常规的制定流程。

2.熟悉特殊学校班级常规的实施策略,掌握不守常规行为的处理方法。

3.了解特殊学校班级时间管理的内涵,掌握班级时间管理的原则与注意事项。

4.明确特殊学校班级一日活动管理的意义,能以学前康复班为例说明一日活动的设计与管理内容。

任务一　特殊学校班级常规管理

俗话说:"没有规矩,无以成方圆。"常规是指日常生活行为的规矩。班级常规管理就是依据班级行为规范与制度对班级的日常工作和学生的日常行为进行管理,又称为班级日常管理。[①] 特殊学校班级常规管理既是一种班级管理任务,又是一种班级管理手段。

班级常规管理有以下三种分类。第一种是以学生一天活动的时间阶段划分为学生出勤、衣着服饰、教室卫生、课堂纪律、课间活动、午餐午休、放学或自习活动等日常行为规范的管理。第二种是按照学生一天活动的内容类别划分为学习常规、组织常规、生活常规、卫生常规、安全常规与德育常规等。第三种是根据管理对象分为集体学习生活制度的教育常规(面向全体)、个体行为规范的教育常规(面向个体)两种。[②]

一、特殊学校制定班级常规的流程

班级的常规制定要依据特殊需要学生的类别、年级以及学校的育人目标和作息安排来确定,特殊学校班级常规制定的一般流程主要有以下四步。(图5-1)

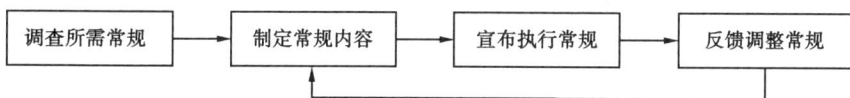

调查所需常规 → 制定常规内容 → 宣布执行常规 → 反馈调整常规

图 5-1 特殊学校班级常规制定流程

第一步:调查所需常规。即依据班级现状调查特殊需要学生适应班级生活的所需常规。特殊学校班级管理者要准确了解全班学生的适应行为和不适应行为表现,以便有针对性地确定本班的常规内容。

第二步:制定常规内容。特殊学校班级管理者要依据合情、合理、可观察的原则,简明扼要地表述班级规章、纪律、奖惩等制度,尽量使用正面行为表述。如"不准乱发言"是负面表述,可以用"发言先举手"这样的正面表述代替。[③] 常规的内容应当包括礼仪、卫生、教室、课间、进餐、放学、自习、寝室、出勤等方面。对于小学高段和中学段的学生而言,可以让学生参与到规则纪律的制定,共同协商,调动学生的积极性。

第三步:宣布执行常规。特殊学校班级管理者在执行常规时要坚持不懈、不断重复、

---

① 张作岭,宋立华.班级管理[M].3版.北京:清华大学出版社,2019.

② 傅芳芳.幼儿园班级常规教育研究:以上海某一郊区幼儿园为例[D].上海:上海师范大学,2011.

③ 张文京.特殊教育班级管理与建设[M].重庆:重庆大学出版社,2017.

奖惩分明,努力发挥榜样与模范作用。对于学前康复班和小学一年级的特殊需要学生而言,班级常规也是常规训练计划,更需要教师和班主任坚持训练,天天练习,成为固定的行为模式。根据特殊需要学生的认知特点,可以用书面文字、口语声音、符号与信号提示等方式,贴在醒目处,促成班级常规执行。

第四步:反馈调整常规。班级常规执行一段时间后,可以是一个月或半学期,或按常规规定的时间,特殊学校班级管理者要对常规执行情况和常规内容以及执行常规的办法作评价,根据评价结果或反馈情况对班级常规的某些内容进行调整。

二、特殊学校班级常规的实施策略

班级管理者在实施特殊学校班级常规时,要端正育人理念,防止班级常规教条化和本本主义,以权威和官威来压制学生,使学生错误地认为常规只有利他性,体验不到规则的公正和互惠性,产生消极的自我认识,我就是"坏孩子"。下面介绍三种实施策略让纸上的班级常规转化为学生的行为。注意三种实施策略是一个整体,不能人为地条块切割。预防策略中有支持,支持策略中有纠正,而纠正本身也是支持。

(一)预防策略

班级常规的实施重在预防。在特殊需要学生问题行为尚未出现时,班级管理者尽量克服一些问题行为产生的可能性,防患于未然。比如:为学生创造采光、通风、清洁、符合卫生标准的教室布置;教师通过平等、公正的方式,以亲切、和蔼的表扬教育为主,尽量预防学生问题行为的出现;教师着装素雅、语言流畅、教具丰富、课件简洁美观,能引发学生对学习本身的兴趣与注意。

特殊学校班级管理者还应发现班级问题行为的苗头,及时制止。如某两位学生最易出现冲突,那么在座位、队列安排时将两人分开是行之有效的办法。若某生近几天情绪烦躁,教师应找到原因,多加关照。当某生有一两个问题行为出现时,教师可以忽视其行为并立即转移其注意力,使其进入更具吸引力、更紧张的活动中。

（二）支持策略

班级常规的支持策略是与预防策略相联系的，如当学生出现良好行为时应立即给予肯定、赞扬、强化，固定良好行为，这就是支持策略。当学生将要出现问题行为时，教师可以用目光、手势、动作制止，或靠近学生、拍拍学生、敲敲桌子等，提醒学生不要产生问题行为。例如学生阅读完图书时，学生可能会出现不整理图书的问题行为，此时，教师可以说"将图书放回原处的同学可以和老师做游戏"，用学生感兴趣的事物作为良好行为出现后的回应，这也是常规管理的支持策略。

在特殊学生问题行为出现前或出现时，教师及时地给予良好行为的支持性协助，让问题行为不出现或能获得纠正、中止，这种方法叫支持性策略。正向行为在支持性策略中可获得肯定与增强，所以支持策略更多指向正向行为与良好常规，目的是减少错误行为或问题行为，而不是支持错误行为或问题行为的发生。支持策略可以调动学生的自律、自制、自动能力，鼓励引发、启动正向的期待行为。[①]

（三）纠正策略

班级常规实施中特殊需要学生会出现不少问题行为。纠正策略是指班级学生问题行为出现时、出现后对该行为的否定和纠正。特殊需要学生身上问题行为比较多，比如：智力障碍儿童、自闭症儿童有不少行为问题，需要教师解决。特殊学校班级管理者常用的纠正方法有：立即制止严重不良行为，与违规学生谈话，善于应用 ABC 行为分析法等。

三、特殊学校学生不守常规行为的处理

让特殊需要学生掌握班集体生活与学习的行为规范是特殊学校班级常规管理的核心任务。因此，在班级常规管理中，理想的状态应当是尽量训练学生自我管理班级的能力，努力将以教师为中心的班级教育转变为以学生为中心的自我教育。但由于特殊需要学生的障碍类别以及认知特征造成其初始阶段会经常出现不遵守班级常规的行为。

---

① 　张文京.特殊教育班级管理与建设［M］.重庆：重庆大学出版社，2017.

（一）常见的不守常规行为类型

虽然特殊需要学生的个体差异巨大,会出现各种各样的不遵守班级常规的行为,但在班集体生活中他们主要出现以下三种不遵守班级常规的行为类型。第一种是不遵守作息时间和出勤规则,如迟到或旷课,无故不请假等。第二种是不承担责任与义务规则,如不按时完成作业和交作业,不值日,扰乱课堂教学秩序等。第三种是由于人际关系紧张破坏班级常规,如同学间的矛盾或师生间的矛盾,造成个别学生有意无意地破坏班级常规。其中第二种不承担责任与义务规则是特殊学校班级管理者经常要处理的不守常规行为。

（二）不守常规行为的处理方法

特殊学校班级管理者在处理学生不遵守班级常规行为时,首先要树立正确的常规教育理念,要以特殊需要学生身心健康和谐发展为目的,不能用简单粗暴的方式来处理,如训斥、隔离、罚站、抄写、惩罚性劳动、叫家长来等形式。其次是了解原因,要调查清楚学生不守常规行为发生的前因是什么,学生的实际需求是什么,这样才能对症下药,采取合理、合情的处理方法。特殊需要学生"违规"行为的实际需求一般是获取实物、获取关注、逃避任务、自我刺激这四种,获取实物、获取关注、自我刺激的需求在学前和小学低段表现最多,获取关注、逃避任务则在各学段均有表现。最后是根据具体情境和特殊学生的个性特征,班级管理者采取有针对性的具体方法来处理,如奖惩、念儿歌、行为矫正、个别谈话、说服教育、榜样示范、情境故事、班会活动、家校协同等。下面以行为训练法、奖惩训练法、情境感染法、家长协助法为例来说明。

1.行为训练法

行为训练法又称为行为矫正训练法,是运用行为主义心理学原理,根据条件反射规律,使用强化、消退、示范、塑造等方法,形成新的适应性行为。例如,"见到同学、老师要问好"这一常规,需要教师想办法不断重复,在每天相同场景中重复训练,还可邀请任课教师参与,让学生迁移这种训练,对完成好的学生给予奖励,形成榜样,带动其他学生遵守这一常规,形成集体认同感。

2.奖惩训练法

特殊需要学生在建立良好行为、克服不良行为的过程中,班级管理者可以充分运用奖惩方法,能起到很大的作用。首先班级常规中要明确拟定出奖惩的标准与方法,其次要按规定标准与方法,给予奖惩。如每天认真完成(语文)作业,奖励一面小红旗,五面小红旗可以换取一支铅笔,如有一次作业没有完成则扣两面小红旗。注意奖惩一定要针对事实,严格实施,不能因人而异,也不能随意改动奖惩的条例,学生才会对行为后果有明确的认识和理解,从而增强正向行为,克服不良行为。[①] 如学生小明因为想要旁边同学手中正玩着的玩具,而该同学不给,小明就大哭大闹。此时,如果教师不惩罚小明的不守规行为(不是用合理的语言表达而是用不合理的哭闹方式),而是直接给了该生一个他喜欢的玩具,则会增加小明用哭闹方式获得物品的行为,相当于强化了小明的"违规"行为。

3.情境感染法

情境感染法是指班级管理者创设各种教育情境,以境寓情,以理服人,使学生在情感上受到感染,在认知上受到教育的方法。特殊学校班级管理者要建立良好的师生关系才能较好地运用情境感染法,多注意班级中良好行为规范的榜样,有意推进学生榜样的学习,给学生一个"应该这么做"的活生生的榜样是常规管理常用的方法。还可以运用班会讨论或辩论的方式来处理班级常规的规定性,使学生明白这些规定的目的是促进自己和他人的平等与和谐,自己能力的成长与展示。

4.家长协助法

班级常规行为的建立不是一日之功,需要长期训练。常规行为贯穿在日常生活中,教师不可能每天二十四小时全程陪伴学生,常规行为的训练与养成,必须有家长的参与和配合。因此,特殊学校班级管理者要充分发挥家长的作用,对特殊需要学生的"违规"行为在家庭生活中持续予以纠正,取得家校协同教育效果。

---

① 张文京.特殊教育班级管理与建设[M].重庆:重庆大学出版社,2017.

任务二　特殊学校班级时间管理

时间管理最早源自企业管理,是指通过事先规划和运用一定的技巧、方法与工具实现对时间的有效运用,从而实现个人或组织既定目标的过程。特殊学校班级时间管理是指班级管理者以时间为管理对象,对特殊需要学生在校时间进行有效规划、监控和评估,以实现特殊需要学生全面发展为目的的管理活动。

特殊需要学生普遍缺少主动管理时间的能力,容易出现拖沓、散漫、转换有意注意困难等问题。因此,特殊学校班级时间管理的意义主要在于把时间按主次顺序有条理地运用到班级日常管理中,与班级管理目标相结合,让特殊需要学生在有限的学校时间里过得充实和精彩,获得全面发展,最终实现对时间的自我管理。

一、特殊学校班级时间管理的原则

特殊学校班级时间管理涉及班主任的时间管理、学生个人的时间管理与班集体的时间管理三个方面,它们统一在了班级的日常管理之中。因此,班级时间管理需要遵循以下三条原则。

(一)科学谋划,合理有序

班主任的时间主要分成受他人制约的时间、可自由支配的时间、分散的零星时间三类[1],其中受他人制约的时间占比最大,如学校会议或培训、班级管理、谈心谈话等。因此,班主任的时间管理应当合理有序,尽力防止忙而无效,身心疲惫。针对班级的日常管理工作,除了既有的日程安排外,班主任还可以按日、周、月、年等时间节点,科学谋划,合

---

① 张宝臣,林鹏鹏.班主任工作操作策略[M].合肥:安徽教育出版社,2011.

理安排各节点的重要工作,确定工作进程表,集中精力逐一解决,提高班级育人的效果。

（二）知行合一，专注执行

严格执行是进行班集体时间管理的最关键的一步,也是班级常规管理成功与否的关键。特殊学校班级管理者要言行一致,制订了计划就一定得做到,提升师生的自我认同感。面对特殊需要学生,执行时应当高度专注,不分心,一次只执行一件事,既不要多线工作,也不要突然中断计划,专注地执行才能给学生以示范榜样作用。

（三）整合资源，一致连贯

培养特殊需要学生个体进行有效的时间管理,是一项长期的工作,不仅仅是班主任和学生个体的工作,也是家庭与社会的责任。在时间管理的过程中要保证各项教育影响一致性与连贯性,如一日常规也需要在家庭中严格执行,同学间的外出活动也要尽量遵守行为规范。特殊学校班级管理者要尽量整合校内各方面教育影响,学校与家庭、学校与社会的教育影响,让时间管理要求一致化,前后连贯地进行,以保障特殊需要学生的各项能力和行为能按教育目的的要求发展。

二、学生时间管理能力的培养策略

时间管理本质上就是自我管理,自我管理即是改变个人行为习惯,使自己不断进步和成长,学生应该学会管理自己的时间。因此,班级时间不能全部由班主任或教师占用,管理者要给学生自由支配的时间,应当调动学生自我管理的积极性。下面提供培养特殊需要学生时间管理能力的四条策略。

（一）要有明确的行为习惯目标

时间管理的目的是帮助学生通过最短的时间,实现要达成的更多目标,寻求时间利用的最大化,提高时间利用的质量,保障各项事情做得顺畅,以求达到多赢的效果。有效的时间管理需要有明确的方向,这也是高效利用时间的必备要素,只有这样才能养成良好的习惯,如物品摆放有序、学习要勤奋、办事不拖延等。

（二）要有明确的个人计划

根据既定的学习目标,把年、学期、月、天,甚至每小时所要做的每一件事情都列出来。计划要由远及近,时间要由长到短,看到自己的发展方向与进步。例如班级学生组织的六一儿童节庆祝活动共60分钟,可让学生自己规划其中各种小节目或游戏各占多长时间、顺序怎样排定。活动中督促检查学生是否按时间安排进行,对其间拖沓、延时、衔接欠佳等行为予以纠正,对时间把握、利用得好的学生给予肯定和表扬。①

（三）适时调整计划

计划没有变化快,计划的执行并不是刻板地固定不变,要能根据实际情况,进行灵活调整,确保计划执行与时俱进。但计划的调整是有原则的,不能降低标准,不能随意改变目标。

（四）执行计划分主次

鼓励学生在学习、生活中,做事要有技巧,计划能分出轻重缓急、分清主次,按照一定规律有序完成。从最重要的事情开始做起,重要紧急的事马上做;其次是做重要而不紧急的事;紧急但不重要的事,要学会放弃,或先放一放;对于不重要也不紧急的事,尽量不去做。在所要做的事情中,先做最有价值的事情。

三、特殊学校班级时间管理的注意事项

面对巨大个体差异的特殊需要学生,班级管理工作千头万绪,事事都需要耗费时间,急需提高时间的使用效率。班级管理者经常遇到工作忙碌、时间紧张、效率低下的问题与挑战,长此以往,会造成班级管理者职业倦怠。

（一）时间管理制度的制定要因人而异

特殊学校的班级时间管理制度应充分结合实际,不同季节和不同地区的生活、学习

---

① 张文京.特殊教育班级管理与建设[M].重庆:重庆大学出版社,2017.

作息制度应该有所不同。不同类型特殊需要学生的生活、学习作息制度也应该有所不同。科学、合理的一日生活常规既要有利于形成良好的集体生活秩序，又要能满足特殊需要学生的实际需要。

（二）时间管理制度目标应有差异性

不同类型的特殊教育需要、不同的年龄、不同的家庭生活方式会使学生的生活自理能力发展不一致，教师在制定自理能力目标时，应充分考虑学生的个体差异，切忌一刀切。

（三）时间管理制度要严格执行

班级管理者在确定目标后，在班级常规中应严格要求学生遵守规定，对不能达到要求的学生要耐心帮助、详细指导，直到达到要求为止。切忌得过且过，标准不一。有的特殊需要学生自理能力较弱，如行动迟缓、学习困难等，更需要教师耐心培养。为了让学生能从小养成良好的习惯，教师应采取积极有效的措施，使学生真正感到自己成了主人，从而逐步养成一些良好的生活习惯。

（四）时间管理制度需要家校合作

时间管理的根本目标是帮助特殊需要学生进行科学有效的行为管理，努力做到自我管理、自我约束。这种良好生活习惯的养成，更离不开家长的配合与支持。只要教师真正为每位家长和学生着想，真心地对待每位家长，及时有效地和家长沟通，把平时的常规工作做"实"、做"细"，学生家长就会理解和支持教师的工作。

任务三 特殊学校班级一日活动设计与管理

学校班级一日常规管理的主要活动内容有服装仪表、礼貌用语、教室卫生、桌椅摆放、卫生区劳动清洁、黑板标语、收交作业、晨会(晨读)、课堂学习、课间操、午餐午休、午会(午读)、课后活动、自修学习、放学(就寝)等。特殊学校与普通学校相比,班级管理者在常规管理上需要花费更多的时间与精力,以便特殊需要学生更好地形成集体生活与学习的行为习惯,加之个别学生的障碍程度重,还需要个别化的教育指导。另外,在一些重大节日,班级活动可能还有一些特殊的活动,也需要班级管理者临时调整。

从特殊需要学生入园(校)的第一天开始,教师就应重视对学生一日生活常规管理的培养,由浅入深,由粗到精,循序渐进地让学生理解并遵守班级日常生活中基本的社会行为规则。一日活动常规是学生从家庭迈向社会的重要桥梁,直接影响着学生的健康成长。下面以学前康复班和幼儿园班级的管理为例来说明特殊学校班级一日活动的设计与管理。

一、晨间接待

(一)学生准备

衣着整洁,愉快入校,有礼貌地和家长告别,向老师、小朋友问好。主动告诉老师自己的身体有无不舒服的感觉。将书包、外衣、帽子等整理好,放在固定地方。积极投入晨间活动。值日生做好值日工作。

(二)教师工作内容

第一,准备及接待工作。做好教室内外清洁工作并开窗通气。收拾整理室内环境。例如,擦桌椅,整理图书,整理玩具柜。用热情、亲切的态度接待学生,与家长交流学生情况并做好交接手续。

第二,做好晨检工作。对学生的脸色、皮肤、眼神、咽喉、精神逐项观察,并询问家长。认真做好一摸、二看、三问、四查工作。一摸:是否发烧;二看:喉部、皮肤和精神;三问:饮食、睡眠、大小便情况;四查:仔细观察学生有无携带不安全物品,发现问题及时处理。报告本班缺席学生和当日需要特殊照顾的学生的记录。

第三,组织晨间活动。准备好玩具、材料和体育活动器械,让学生参加自己喜欢的各种活动,有自愿选择运动器械及自由活动的时间。在早操前做好参加早操活动的准备。

二、早操或升旗

（一）学生准备

排队依次有序地进入活动场地;尊敬国旗,升旗时立正,注视国旗,行注目礼;听从指挥做操;精神饱满、情绪愉快,注意力集中,姿势正确、动作整齐,努力达到锻炼目的;早操后,将所用器械放回原处,注意爱护。

（二）教师工作内容

在做操前准备好场地,场地要平整,无障碍物、积水;认真检查所需器械数量,保证器械清洁、安全,所需光盘、收录机等物品能随时正常使用;以身作则,与学生共同参加升国旗仪式;精神饱满地带操,服装得体,口令、示范动作准确、熟练,并注意学生活动情况。

三、自由活动

在一日活动中,教师应给学生安排自由活动的时间,让学生按个人意愿和兴趣自由选择有益的活动,允许他们自由结伴、自由交谈、自由活动。

（一）学生准备

学生能愉快地参加自己喜爱的游戏活动、体育活动或其他活动。

（二）教师工作内容

尽量让学生到户外自由地参加各种有益的活动;学生活动应在教师的视线范围之内进行,注意安全。

四、喝水

（一）学生准备

用自己的口杯喝水,喝水时不说笑。不浪费开水,口杯用后放回原处。

（二）教师工作内容

水杯要在学生使用之前消毒,每个学生的口杯应放在口杯柜中固定的地方;当学生需要喝水时,应随时给水。应保证班上随时有开水,并及时提醒学生适时喝水。

五、如厕

（一）学生准备

养成良好、有规律的排便习惯,有排便需要时,能举手告知教师。

（二）教师工作内容

照顾学生解大小便。在一般情况下,学生大小便应自理;在出现异常情况时,应及时报告教师;对个别自理有困难的,教师应加以协助。学生便后用流水洗手。教师应指导学生学会用正确的方法洗手。

六、洗漱

（一）学生准备

盥洗时不拥挤,不打闹,节约用水。学习并掌握洗手、洗脸的准确步骤和洗手方法。

（二）教师工作内容

做好盥洗前的准备工作,挂好毛巾,放好肥皂,为学生准备好流动水;根据用具设备的特点,分批使用用具设备;教给学生或提醒学生注意洗手、洗脸、擦护肤霜、梳头的顺序和方法;提醒学生遵守盥洗规则,认真地洗净手、脸;最后逐一检查,即洗净手脸,擦好护肤霜,放下衣袖,梳好头,方可允许学生离开盥洗室。

七、进餐

（一）学生准备

愉快、安静地进餐,逐步掌握独立进餐的技能;进餐时不大声讲话,不随便说笑打闹;正确使用餐具。逐渐养成文明进餐的习惯,进餐时细嚼慢咽,不慌不忙,不咂嘴;不挑食,不用手抓食物,不剩饭菜,不弄脏桌面、地面和衣服,不东张西望;将骨头、残渣放在指定的地方,不将自己不吃的饭菜挑到别人碗里;咽下最后一口食物再站起来,轻放椅子,离开饭桌,送回餐具;饭后漱口、擦嘴、洗手。

（二）教师工作内容

进餐前半小时安排学生安静地活动;进餐前15分钟提醒学生收拾玩具,放好椅子,完成盥洗,准备进餐;指导值日生工作,擦净餐桌,准备餐具;领取和分发食物,掌握与登记每餐主、副食的领取量,学生实际进食量和剩余量;组织洗净手的学生进餐,创造愉快、安静的进餐气氛;教师在学生进餐过程中不处理学生的问题,不引起哭泣,使学生情绪安定,积极进餐;在进餐时,教师要精力集中,注意观察,精心照顾学生,轻声、和蔼地指导和帮助学生掌握进餐的技能,培养文明进餐的习惯;午餐后组织学生进行 10~15 分钟活动量较小的活动,如散步、阅读等。

八、午睡

（一）学生准备

午餐后应散步、如厕、换拖鞋，保持安静，不高声讲话或嬉笑喧闹，脚步放轻，进入寝室。能自己摆好枕头，拉开被（毯），按顺序脱去外衣裤，先脱去裤子、放好拖鞋，上床盖好被（毯），然后脱去上衣并折叠整齐，放在固定地方；不带小玩物上床，迅速盖好被（毯），不东张西望，安静入睡；睡醒后可进行安静活动，不要弄出声响，否则会影响他人休息。

（二）教师工作内容

学生就寝前半小时开窗通气。在冬季，学生入室就寝时，应关闭窗户；午饭后，教师应组织学生安静散步及如厕，努力避免新异刺激导致兴奋而影响入睡；保证寝室内及附近不出现高声谈笑、喧闹的现象，以创造安静气氛；睡前音乐或故事应选择轻松、舒缓、温馨的内容，避免刺激学生；及时细致地为每位学生盖好被（毯），纠正不良睡姿，培养学生右侧卧或仰卧、不蒙头睡觉的好习惯。夏天酷热，教师应用柔软毛巾为学生轻轻地擦去汗水；不断巡视观察，不离岗并做好午休观察记录；学生睡眠时间检查学生的服装及鞋袜，缝纫脱落纽扣及破洞，做好值班记录，不能以任何借口离开寝室做私活、看书、睡觉等；随时注意保持室内空气新鲜，天暖无风时，可打开窗户，拉上窗帘，但应避免对流风吹在学生身上。

九、起床

（一）学生准备

按时起床，掀开被（毯），按顺序穿衣服，学习整理床铺。

（二）教师工作内容

按时请学生起床,认真询问学生的睡眠情况;指导与帮助学生掌握并执行起床、穿衣、整理床铺等一系列的常规和要求;注意观察学生外部表现,如精神、皮肤、呼吸等,发现异常情况,及时与医务人员联系;逐个检查学生的服装、床铺是否整齐。提醒收拾整齐的学生如厕、喝水。

十、游戏与体育活动

（一）学生准备

兴趣浓厚,活泼愉快;与教师一同做好活动前的准备工作;在教师指定的场地内游戏,遵守游戏规则;游戏时不乱跑,不喊叫。在室内说话声音轻,动作轻。使用场地要协商,互相照顾;选择一种游戏后要认真地玩,可以变换游戏,但不能妨碍他人,不经对方同意,不得插手他人的游戏;会正确地使用、爱护、收放玩具;学生能够按每种玩具的玩法去玩,想玩别人的玩具时要与对方商量,经允许后才能玩;取放玩具要小心,以防损坏。玩具玩后要放回原处,摆放整齐;玩具玩后放回原处,再取其他玩具;在游戏中对同伴友爱、谦让,能互相帮助;在游戏中遇到问题时能想出解决问题的方法并着手解决;在活动结束时能主动地收拾玩具、材料。

（二）教师工作内容

保证不占用学生游戏的时间,为学生创设良好的环境;教师要为学生提供必要的场地、玩具、材料,保证游戏与活动的顺利开展;对学生游戏和活动的组织与指导;在游戏与活动中,教师应认真地观察学生的活动和表现,深入了解学生,以便有针对性地进行教育和训练,但不能干扰学生的游戏活动,游戏与活动要体现全面发展教育的任务和要求,以促进学生身心和谐发展;注意学生的安全。

各种游戏与活动应安排在每日计划中,教师要注意动静和室内外活动的交替,面向全体,注意个别差异。

体育活动可以安排在早晨、教育活动后、午点后。活动内容可选择体育游戏、球类活动、各种体育器械活动、体操及单项基本动作练习。教师可以全班、小组或个别的形式开展学生喜爱的活动。游戏活动可安排在早晨、教育活动后、晚餐后。活动内容可选择创造性游戏(角色游戏、结构游戏、表演游戏)、有规则的游戏(智力游戏、音乐游戏、体育游戏)、民间游戏等。

十一、离校

(一)学生准备

学生能愉快地离园回家,整理好随身物品和书包,有礼貌地同老师、同学告别;能用自己的方式总结一天的收获和体会;能准确说出当日的课后作业内容。

(二)教师工作内容

在离校前,教师应与学生进行简短谈话,做好一日活动的总结、点评。应检查学生仪表是否整洁,提醒学生带好回家的用品;做好学生离校前的安全教育;在离校时,若家长来接学生,教师可向家长介绍学生在园情况。对未及时接走的学生应组织适当活动,等待家长来接,要防止学生走失或被陌生人带走;在学生离园后,教师要做好活动室的清洁卫生工作,关好门窗。

本章小结

班级常规管理是学校育人工作的重要内容,它是班级管理者的核心工作。一般以时间顺序划分不同的活动内容,培养特殊需要学生的行为规范,养成良好的集体生活习惯,提高学习效率,达到自我管理的目的。班级常规制度与一日活动要求一定要结合本班学生的实际情况来制定和实施,尽量采取预防策略和支持策略,对不守常规行为及时跟进纠正策略。常规管理更多地涉及了时间管理,以及一日活动内容的设计,需要班级管理者了解特殊学校班级时间管理的内涵,掌握班级时间管理的原则与注意事项,并能以学前康复班为例,举一反三,设计并管理本班级的一日活动。

讨论与探究

1.班级常规管理的内涵是什么?

2.特殊学校班级常规的实施策略有哪些? 特殊需要学生不守常规行为的类型有哪些? 请结合具体事例谈一谈如何处理。

3.班级时间管理的原则有哪些?

4.培养特殊需要学生时间管理能力的策略有哪些?

5.请根据某类障碍学校的具体学段班级为例说明一日活动的设计与管理内容。

项目六　特殊学校班级管理的组织建设

本章旨在阐明班级组织建设的基本要素和意义,明确特殊学校班级组织建设的一般过程。尤其是特殊学校班干部的选拔和培养要注意其特殊性,不可盲目照搬,也不可随便舍弃。熟悉班级管理制度的三大类别及其功能,面对特殊需要学生,要考虑制度条文的具体能操作、简约能理解、亲切能接受。班级管理者要明确制度不仅具有约束作用,同时具有协调功能、预期功能、激励功能和德育功能,还要考虑管理制度在特殊学校实施的注意事项。理解班集体与班级的区别,充分认识班集体的多种功能,以及良好班集体的特征标志,能结合特殊学校"以生为本"班级管理的理想模式,掌握优秀班集体建设的四种有效途径与四种常用方法。

学习目标

1.了解班级组织建设的基本要素,明确特殊学校班干部的选拔与培养。

2.了解班级组织建设的基本模式,掌握特殊学校班级组织建设的一般过程。

3.理解班级管理制度的含义与类别,充分认识特殊学校班级管理制度的功能。

4.能根据制定原则并结合具体情况说明制度条文的合理性,掌握特殊学校班级管理制度实施的注意事项。

5.明晰班集体与班级的区别,了解班集体的功能,熟悉良好班集体形成的标志,掌握优秀班集体建设的途径与方法。

任务一　特殊学校班级组织建设

现代社会学认为一个社会群体具有明确的组织目标、严密的组织机构、严格的组织规范这三个特征就是一个社会组织。作为正式组织,包含两层含义,一是指静态结构,包括组织目标、组织机构和组织规范三个要素;二是指动态的活动,是把一个松散的群体凝聚为一个组织,进而发展为一个集体。[①]　特殊学校班级组织建设就是明确组织目标,健全组织机构,执行组织规范,形成团结向上向善的班集体的过程。

一、特殊学校班级组织建设的基本要素

特殊学校班级组织是客观存在的,并且处于不断发展之中,它的基本要素与普通学校的相同,可以借鉴普通学校班级组织要素的相关分析与研究,进而帮助特殊学校班级管理者整体把握班级组织建设的规律。

（一）班级组织建设的基本要素

班级组织建设的三个基本要素是组织目标、组织机构和组织制度。

班级组织目标就是班级成员共同奋斗的目标,应当有极大的吸引力和凝聚力。班级确立共同目标,明确奋斗方向,是班集体思想建设的灵魂,一个没有目标的集体必然是一盘散沙。班级组织目标分为近期和远期两种,要求班主任根据学校规划,结合班级实际来确定。班级管理中要发挥目标的导向作用、激励作用、凝聚作用、调控作用和评价作用。

班级组织机构就是班级内部设立的各类职责与权限,如班长、学习委员、生活委员、

---

① 张作岭,宋立华.班级管理[M].3 版.北京:清华大学出版社,2019.

组长等。在小学段班级还有少先队中队干部,在中学段班级还有团支部干部。良好的班级组织,必须有团结同学、联系老师的班干部。班干部是带动全班学生实现班级目标的骨干力量,是班主任获得不同类型学生思想信息的主要渠道,也是班主任工作的得力助手。健全班级组织机构,强化学生主人翁意识是创建良好班级组织的有效手段。

班级组织制度是使各项工作有章可循、有矩可依的规范和标准,属于班级管理制度,是实现班级目标的制度保证。班级组织制度可分为成文形式与非成文形式两大类,如班级制度、课堂规则、学习纪律、学生守则等是成文形式,具有外在的强制约束性;而舆论、风气、传统等则是非成文形式,具有内在的约束性。班级组织制度作为班级人际交往与持续互动中的参照标准,能够调整群体要求与个体需求之间的关系,能引导、约束班级成员的言行,有利于班集体目标的实现。

(二)特殊学校的班干部

特殊学校的一个班一般 10 人左右,少则 5 人左右,多则 18 人左右。尽管班级学生人数不多,但从班级内部来看,特殊学校班级组织机构有班委会、团队委、各类常规活动小组组长。班委会一般由班长、学习委员、文体委员、纪律委员、生活委员等组成,是班级委员会的简称,是协助班主任开展班级工作的得力助手。聋校、盲校班委会机构比较健全,培智学校则因为学生自理能力弱,需要在小学高段以上的班级才可能设置班委。因此,特殊学校班干部的设置要根据学生的实际能力与工作任务合理设置,不可盲目跟风!

班级组织建设的一项重要内容就是班干部的选拔。班级刚组建,或刚接手新班时,班主任应在初步了解的基础上,指定或直接任命临时负责人。经过一段时间的观察、考验和培养后,班主任可以组织民主选举或者是竞选的方式,让学生自己选出班干部。即使是让学生自己选择班干部,班主任也应当说明班干部的选拔条件。一般而言,班干部的基本条件是认真负责、踏实肯干。班长应具有全面协调能力,委员应当热心助力,行为端正,有一技之长。班主任还应当根据一段时间的工作效果考虑班干部的更换问题或班委的换届问题。在更换班干部或换届时,班主任应当说明更换意图,对原班干部做出客观的评价,保护学生的积极性。

另外,班干部是班主任的助手,班主任应当有培养意识。对于特殊学校小学低段班级而言,班主任可根据工作项目设置负责人,如卫生、值日、擦黑板、整理学具、收发作业、排队、科代表等项目,充分调动学生参与班级管理的积极性。

二、班级组织结构的基本模式

一般而言,班级组织结构的基本模式主要是直线型结构模式、职能型结构模式、直线+职能型结构模式。[①] 在班级组织建设过程中,班主任采取何种结构来创建和完善本班的组织机构,要根据班级的具体情况来确定。无论采取哪种模式,班级管理者都需要紧紧围绕班级目标来考量,充分调动班干部和学生的积极性。

(一)直线型结构模式

直线型结构是班主任⇔班长⇔组长⇔学生,自上而下的直线管理模式。在这种结构中,权利集中在班主任身上,班主任控制整个班级,实行统一管理。班主任与班长、组长、学生之间是上下级关系,命令与服从的关系。这种结构是最早使用、最为简单的模式,有利于规范管理,提高工作效率。其缺点是权力过于集中,不易发挥班干部和学生的积极性,不利于班集体的长远发展。

(二)职能型结构模式

职能型结构又称为多线性组织结构,是班主任⇔班长⇔各职能管理人员(如学习委员、生活委员、文体委员、纪律委员等)⇔组长⇔学生,采用按职能实行分工管理的模式。在这种结构中,有了专业化分工,增加了职能管理人员,其有权向下级下达命令和指示,直接安排班级管理活动。这种结构有利于分担班主任的班级管理工作,使班主任从繁重的事务管理中解脱出来,还能发挥班干部的工作积极性和创造性,提高学生的管理能力和管理水平。其缺点是各职能管理人员易形成本位观念,影响整体协调,若职能人员分工过细或者不明时,还可能出现推诿和扯皮的现象,造成管理混乱。

(三)直线+职能型结构模式

直线+职能型结构是在直线型结构和职能型结构的基础上,取长补短,汲取这两种形

[①] 刘岩,王萍.班主任与班级管理[M].北京:北京师范大学出版社,2013.

式的优点而建立起来的。把班级管理人员分成两类,一类是班主任、班长和组长,按命令统一原则行使指挥权;一类是班主任和各职能管理人员,按专业化原则,从事组织的各项职能管理工作。这样,直线领导机构和人员在自己的职责范围内有一定的决定权和指挥权,而职能机构和人员则是直线指挥人员的参谋,不能发号施令,只能进行业务指导。所以直线+职能型结构模式又称为直线参谋型。这种结构有利于充分发挥各管理人员的作用,实现分工与专业相结合,管理体系的集中统一。其缺点是职能人员之间的协作和配合性较差,易产生交叉管理,产生分歧意见。

三、特殊学校班级组织建设的一般过程

班级组织不仅仅是一个静态的存在,它还存在于在动态过程中,需要班级管理者齐心协力把一个松散的组织建设成为一个有共同理想追求、团结互助的良好班集体。这是一个复杂的过程,具有一定的阶段性。一般而言,一个完整的班级组织建设过程需要经历以下三个阶段。

(一)松散群体阶段

松散群体阶段一般是班级组织发展的初始时期。班级内,特殊需要学生相互之间不熟悉、不了解,他们来自不同的家庭,行为习惯也各不相同,同学之间、师生之间也是陌生的,处于新奇与相互观察的状态。尽管开始有了交往,但这种交往是从个人而不是从组织角度出发的,具有表面性、情境性。同学之间的友谊还没有建立起来,骨干成员也没有出现。班级尽管已有外在的纪律要求,但尚未形成共同的奋斗目标。学生普遍缺乏归属感和认同感。班干部由班主任临时指定,大多数活动由班主任直接参与指挥,整个班级处于松散状态。

(二)形成稳定组织阶段

经过一段时间的共同学习与生活交往,班级内的学生相互熟悉,产生感情,师生之间、生生之间的了解不断深入,各种人际关系初步形成,出现了较为稳定的小团体,崭露头角的骨干成员也在同学中产生一定的威信。学生交往不仅以个人情感为纽带,而且开

始建立在集体意识上,出现了集体舆论,形成了一定的内聚力,正确的舆论逐渐占上风。班干部能在班主任的指导下发挥一定作用,自觉处理好本职工作。老师和同学们的认可,让学生感受到自尊感和成就感。班级制订了长期计划与短期计划,各项工作逐步开展起来,各种组织机构已健全,各项活动步入正轨。但班级的奋斗目标与行为规范尚未完全内化为学生自觉的行为动机,班级育人功能仍是外因在起作用。

(三)发展为良好班集体阶段

良好的班集体是班级群体发展的高级时期,是一个质的飞跃过程。此时,全班已成为一个有系统组织、完善制度的有机整体,能够有计划地开展各种班级活动。学生能主动地、有计划地参与并开展班级工作,交往频繁,发挥着自己的个性特长,而且心理相容程度高。班干部各司其职,充分地发挥作用,成为班主任工作的得力助手。良好的纪律、舆论、班风形成。每个成员都有了较强的归属感和荣誉感,自觉维护集体的利益,对偶尔出现的损害集体利益和荣誉的情况感到气愤、忧虑,而且想尽快解决,挽回影响。还能自觉地考虑每一个成员的发展需要,尊重每个学生的个性,发挥学生的特长,为每个成员的个性发展提供机会,整个班级形成一个整体。

任务二　特殊学校班级管理制度

班级有了有健全的组织机构后,还需要有严格的组织规范,即班级管理制度。班级管理制度是通过师生的权利义务来规范班级管理行为和调整师生间管理关系的规则体系。[①] 特殊学校班级管理者为了使班级管理工作从无序状态转为有序状态,发挥学生的主体作用,应当建立一套系统完整、切合实际、行之有效的规章制度,作为班级管理的准则。

---

① 王静文.中小学班级管理制度德育功能开发的问题与对策研究[D].重庆:西南大学,2013.

一、班级管理制度的类别与功能

班级管理制度从来源上看,有两个层次,一是国家和学校对班级教育的有关规定,二是班级自行制定的有关规定。适宜的班级管理制度能够给予学生更有效的指导,使师生的各项活动都有统一的指标,可以减少班级管理的随意性和班主任工作的主观性,如班主任以言定规、以权代法。

(一)班级管理制度的类别

班级管理制度根据所处理问题的类型,可分为以下三大类。

第一大类是职责类制度。职责类制度将班级的每一项工作落实到人,人人都有确定的岗位,事事都有专人负责,从而保证了班级工作的有序性。如值日班长职责、兴趣小组组长职责等。

第二大类是常规类制度。常规类制度是一般性行为的指引,具有明显的德育功能,它是根据班级师生在班内外不同活动场所而制定的日常行为规范和学习、工作、生活准则。如国家制定的《中小学生守则》和学校确立的《学生日常行为规范》,以及班级自己制定的班级公约、班规、一日常规、考勤制度、作业完成制度、上课纪律制度、外出与请假制度等。

第三类是考核奖惩类制度。班级考核奖惩制度是根据职责类和常规类制度中的要求来制定的,是对考核结果给予肯定或否定的评价制度。奖与惩相辅相成,这样才能体现管理制度的严肃性和有效性。

(二)班级管理制度的功能

只有建立起班级规章制度,做到心中有数,才能使班级成员的步调一致,班级活动才能有序顺利进行。特殊学校的班级管理者应当明确管理制度对于一个班级而言,它不仅具有约束作用,同时具有协调功能、预期功能、激励功能和德育功能。

约束功能是指级管理制度明确提倡什么,禁止什么,应该怎样做,不应该怎样做,为特殊需要学生指明了行动的方向。这样对班级所有成员都有约束力和强制性,个体需要改变自己的认识,在行动上服从规章制度与行为规范。

协调功能是指当个体需求与集体要求相矛盾时,规章制度可以协调集体与个人的行为,保障共同目标的实现。

预期功能是指班级管理制度使特殊需要学生知道学校和教师的要求是什么,期望是什么,行为标准是什么,从而发挥自己的能动性,积极实现这些要求与期望。

激励功能是班级管理制度中有相配套的奖惩规则,特别是对模范遵守规章制度的学生予以表扬,能激发学生的自信心,树立他们在同学中的良好形象,同时,其他同学也会以他们为榜样,模仿遵守班级管理制度。

德育功能是指班级管理制度本身内涵着伦理价值,体现着特定的道德理念,能够加强学生的责任感,潜移默化地塑造着每一个人,使学生养成"约束自己、尊重别人"的精神。

二、特殊学校班级管理制度的制定原则

班级管理制度的制定一要符合《中小学生守则》和《学生日常行为规范》,以及国家出台的相关教育政策和行政法规,不能与之相冲突。制定的一般步骤是班主任了解班级情况,提出管理问题,学生讨论,形成初稿,试行制度并修改,最后确定制度。特殊学校的班级管理制度,由于学生的特殊性,在制定时应当遵循以下三个原则。

(一)要具体,能操作

具体是指班级管理条文要有具体指向,特殊需要学生能用自己的行为执行,能与奖惩相对应,可以准确实施评价或评估。切忌大而笼统,模棱两可。例如,"有事必须请假",最好规定为"有事请写请假条,并找班主任批准"。

(二)要简约,能理解

简约是指班级管理制度的内容要简约,关注本班学生发展过程中存在的主要问题。所列条文要简明扼要,不要过于繁杂。条目不要太多,过于烦细。不要把学生的行为幅度限制得太小,让学生没有选择的余地。每一条目需要全班同学充分讨论,让学生明确

含义。

（三）要亲切，能接受

亲切是指班级管理制度的语言要亲切，不能简单地把千篇一律的行为模式强加于学生身上。少规定约束性的条目，尽量不用表示禁止的命令式语气，要指明大致方向为学生保留一定的自由选择余地。

在此以小学低段班级"上课举手发言"纪律为例，说明制定原则。首先，明确纪律的三种认识：第一种是纪律等于"惩罚"，认为纪律等于约束，并须借助惩罚；第二种是纪律等于"命令加监督"，认为纪律等于服从命令，且监督必不可少；第三种是纪律等于"改正错误和强化训练"，认为遵守纪律是训练的结果，目的是使学生学会指导和监督自己。通过比较发现第三种认识更符合以生为本的教育理念，也符合特殊需要学生的身心发展特点。其次，根据正确的理念与认识来确立纪律条文，"要发言，先举手；别人发言，仔细听"。最后，根据本班学生的实际情况，制定与之相配套的奖惩措施。

三、特殊学校班级管理制度的实施

每个班级都有管理制度，有的班级执行效果显著，呈现井然有序的状态，但有的班级管理制度则形同虚设，没有落实，混乱不堪。这充分说明管理制度必须通过实施才具有现实的意义。下面介绍特殊学校实施班级管理制度时应当注意的事项。

（一）持正确的认识与态度，重视制度的德育功能

班主任对待班级管理制度的不同态度，导致不同的教育效果。假如班主任持"制度至上"态度，对学生过度控制和约束，会导致学生对各种规章和制度持消极态度，达不到对班级管理制度的认同与同化水平。另外，对待管理制度持功利化取向、对组织机构持科层化倾向等，都是在遮蔽管理制度的育人价值。如果班主任在班级管理中能发挥制度的德育功能，既重视规范建设又重视价值教育，发挥学生的主体作用，提高学生参加集体活动的主动性，则学生会对管理制度达到认同与同化水平，对班级产生归属感，能够将班级荣誉与个人利益相联系，让班集体形成健康、向上、向善的氛围。

（二）班级管理制度一经制订就要贯彻执行

对于正在身心发展的学生而言,他们对班级管理制度的适应有逐步递进的三种水平,第一种是服从水平,第二种是认同水平,第三种是内化水平。服从是学生在外力的控制下遵从制度,学生为了获得奖励,避免批评遵从制度。认同是学生以他人为榜样,通过模仿,遵从制度。内化是学生真正认识制度的重要性,接纳制度要求,内化于心,自觉执行制度。① 对于特殊需要学生而言,他们个体差异巨大,加上自身的障碍,很难完全内化管理制度,需要比普通学生更长的时间来认同与同化。另外,不同学段的班级管理需要采取不同的执行策略,灵活应用,顺应学生的适应水平。

（三）对制度的实施情况经常检查与督促

了解规章制度的执行情况,了解学生对制度的认识和反馈,对模范执行班规的学生要及时表扬和激励,对违反班规的学生要善于批评或处分。坚持对事不对人,前后一致原则,有效防止学生心存侥幸心理。对违规现象,应就事论事,一视同仁,不可因不同的人犯错,而给予不同的处罚方式。执行处罚要考虑学生的自尊心,不要在大庭广众之下训斥犯规学生,避免伤害学生的自尊心。

（四）班级管理者以身作则

一般而言,学生普遍具有向师性,他们常常把教师当作楷模,模仿教师的言行。所以教师应当严格要求自己,做学生的表率,达到身教与言教相结合。班级管理制度是为了让特殊需要学生更好地学会集体生活技能,培养良好的生活习惯,而不是教师权威的代表。当学生达不到规范要求时,勿以强迫命令、指挥恐吓的方式对待学生,教师要对其反复训练,耐心引导,逐步形成习惯。教师对个别学生应尽量做到事前教会,而不是事后责罚,形成预防胜于"责罚"的观念。

---

① 　张作岭,宋立华.班级管理［M］.3 版.北京:清华大学出版社,2019.

任务三 优秀班集体的建设

班主任的中心工作就是通过各种方法和策略将班级组织培养成班集体的过程,形成班集体特色。特殊学校班集体的建设,要考虑盲校、聋校、培智学校各类班级的特点,结合第四章第三节的"以生为本"理想模式来规划。

一、班集体的概念与功能

关于班集体的界定,目前存在许多观点。如曾任《班主任》杂志主编的王宝祥研究员认为:班集体是按照班级授课制的培养目标和教育规范组织起来的,以共同学习活动和直接性人际交往为特征的社会心理共同体。对于特殊学校而言,面对特殊需要学生,班集体更加凸显领导核心的重要性、良好行为规范与学习纪律的重要性。因此,本书采用北京师范大学檀传宝教授的班集体定义,班集体是指在教育目的规范下,由具有明确的奋斗目标、坚强的领导核心及良好纪律和舆论的班级学生所组成的活动共同体。[1]

(一)班集体与班级的区别

苏联教育家认为,集体是在社会主义社会中形成和发展人际关系的高级形式,资本主义社会力图培养个人主义者,而社会主义社会力图培养集体主义者。[2] 在大众的观念中,人们普遍把班级等同于班集体,这是不对的。班集体不同于班级。特殊学校班级是校内行政部门依据一定的编班原则把十几个年龄和学龄相当、程度相近的学生编成的正式群体。班集体则是班级这一正式群体发展到一定阶段的高级形式。对于班集体的内

---

① 檀传宝.德育与班级管理[M].2 版.北京:高等教育出版社,2013.
② 杨建华.班级管理学[M].西安:陕西师范大学出版总社,2012.

涵,可以从以下四个方面来把握。①

第一,突出组织化。班集体是一个以学生亚文化为特征的社会群体,它传导和积淀着班级制度的社会文化基因,如教育目标、行为规范和组织模式。

第二,突出学习共同体。班集体又是一个以教学为中介的共同活动体系,它以课堂教学为中介,整合学校、社会、家庭的教育影响,社会化的共同学习活动是班集体形成和发展的主要整合因素。

第三,突出凝聚力。班集体还是一个以直接交往为特征的人际关系系统,正是交往和人际关系,动态地反映了集体与个体、个体与个体、集体与环境的相互作用,凝聚力标志着集体形成的过程。

第四,突出共同价值。班集体是一个以集体主义价值为导向的社会心理共同体,集体心理的统一性和社会成熟度综合反映了集体主体性的水平。

（二）班集体的功能

当人们置身在优秀的班集体中,会感觉到集体影响力的存在,甚至产生教育者无法企及的教育影响。良好的、成熟的班集体具有多种功能,一是社会化功能,学生在班集体中依照集体规范行事,承担一定的班级角色和责任,与班级其他成员合作交往,掌握处理人际关系的方法,形成正确的人际交往态度,为最终融入社会打下坚实的基础。二是教育功能,特殊需要学生作为班集体的主人,以平等、公正、民主、友善、和谐为主要价值观念,进行人际交往,学习科学文化知识,掌握社会生活的基本技能,掌握社会生活的基本规范,形成社会角色。三是归属功能,在集体中学生能感受到他人对自己的尊重、关爱,自己获得安全、愉悦的心理,同时,他也能尊重、关爱别人,主动承担集体责任,发现自我价值,获得人格上的自尊。四是发展功能,班集体能依据成员的差异性和自愿性原则,开展形式多样的各种活动,如体育类、文艺类、公益类、劳动类、科技类、兴趣小组类等,在活动中学生的主人翁意识得到增强,情感得到丰富与满足,个性与特长得到发展,自我管理能力得到培养。

---

① 张作岭,宋立华.班级管理［M］.3 版.北京:清华大学出版社,2019.

二、良好班集体形成的标志

从组建班级到形成班集体需要一个长期的建设过程,同班级组织的发展过程一样。一般而言,良好的班集体要经过组建阶段、形成阶段和成熟阶段,即由行政手段维持班级,到用班团队干部和良好班风运行班级,最后到师生自主管理班级。评判良好班集体形成的标志有以下六个方面。

(一)有共同的奋斗目标

班集体作为班级发展的高级阶段,必须具有一个明确的阶段性发展目标,以便发挥目标的导向和激励功能,调动全体成员的积极性,参与到集体活动中,感受集体的力量,形成集体荣誉感。

(二)有团结有力的领导集体

班集体必须有一个机构健全、岗位明确、人员合理的班团队干部,与班主任齐心协力完成班级管理工作。在特殊学校,如果随着班级学段的上升,班主任还是包办一切班级工作,则会抑制学生能力的发展,班集体处于低水平阶段,并且还影响班主任自身的专业发展水平。

(三)有正确的舆论和优良的班风

班集体必须有严格的规章制度与纪律,班级成员自觉遵守,在行动上达成一致,内化到每个成员的思想中,进而形成正确的舆论,让正气发扬,不正之风无立锥之地。运用正确的舆论导向,让学生明辨是非、善恶、美丑,形成精神力量,充满正义感,潜移默化,形成健康向上、积极进取的良好班风。

(四)有良好的活动效果

班集体开展的各项活动应该获得良好的效果。假如班级活动平淡随意,没有让全体成员参与其中,只是少数积极分子的展示舞台,则会让班集体的凝聚力大打折扣,活动也达不到让每名成员全面发展的目的。

（五）能充分发展学生个性

班集体是在集体中培养全面发展的人,应当尊重学生的差异,促进学生的个性特长发展。如果机械地认为建设班集体是约束学生,压抑学生个性,则会造成师生或生生之间人际关系的不和谐,学生的归属感就荡然无存了。特殊学校的班主任要充分挖掘特殊需要学生的发展潜力、行为品质的闪光点,调动全体成员积极参与班集体的建设,增强其归属感。

三、优秀班集体建设的途径与方法

优秀班集体的建立不可能自发地形成,也不可能一蹴而就,需要不断地努力,付出艰辛的劳动。下面结合特殊学校"以生为本"班级管理的理想模式,介绍几种可供借鉴的有效途径与方法。

（一）优秀班集体建设的途径

活动是集体和个体相互作用的中介。班级成员的共同活动是班集体建设的基本途径。根据活动的性质和方式,特殊学校的班集体活动主要有教学活动、管理活动、班本化活动、随机教育活动四种。

1.在教学活动中建设

特殊需要学生在校期间,所占时间最多的是班级课堂教学活动,这是主要的共同活动方式,因此,优秀班集体的建设不能把课堂教学活动排斥在外。新时代,特殊学校的课堂教学活动不仅关注学生的认知过程,还关注学生的小组合作、互动分享过程,注重学生情感、态度、价值观的培养,积极落实核心素养的形成。每一门任课教师都应关心支持班集体的建设,这有利于班集体成员形成共同的目标、激活集体学习氛围、优化集体人际关系,进而促进班集体的建设。

2.在管理活动中建设

班主任是班级管理的主要负责人,因此,他也是班集体建设的第一责任人。班主任应当对常规工作常抓不懈,常抓常新;对薄弱工作加强反思,重点突破;不仅要关注班级规范运行,还要关注管理对集体和成员的发展功能。班主任对管理工作要积极实践与创新,如在目标、组织、制度、方式上变革,向有利于集体和学生自我管理、自我教育方面发展。在班集体不同发展水平和阶段,班主任主动调整管理方法与模式,适应并促进班集体学生的发展。

3.在班本化教育活动中建设

班级除了教学活动和管理活动外,班主任还要进行班本化的教育活动。班本化教育活动是指根据班级特点和需要开展的集体活动,如主题班队会、班级特色活动、心理辅导活动、社会实践活动等。[①] 班本化教育活动是打造班集体特色工作、亮点工作的有效途径。它能结合班主任、学生、家长等班级成员的个性特长,根据学校的办学特色、班级管理问题、班级文化、家校合作、学风等方面着力,丰富班集体的精神生活,形成集体精神。当然,班本化教育活动要掌握一个度,不是开展得越多越好,越热闹越好,而是要选择与班集体建设有关的、有教育内涵的活动。

4.在随机教育中建设

班集体在发展过程中,班级管理者会遇到一些突发情况,如学生之间的冲突、不良行为或风气、不可控的突发事件等。有些是发生在个别学生身上,有些可能涉及好几个学生。这些随机情况的发生看似是偶然的,但却是集体心理和观念的客观反映,可成为班级管理者深入了解的窗口。班主任要善于观察,分析现象与本质,抓住时机,对重点学生个别教育,引导班集体思考并解决这些问题。切忌主观臆断,不做细致的调查,不认真思考学生的思想和情感变化,武断地用管理制度惩罚学生。开展随机教育要掌握好时机,在尊重学生的前提下,注重唤醒班级成员的集体意识,共同解决问题,在解决问题中成长。

(二)优秀班集体建设的方法

通过广大班主任多年来的实践积累,我们总结出了一些非常有效的适应特殊学校班

---

① 张作岭,宋立华.班级管理[M].3版.北京:清华大学出版社,2019.

集体建设的方法。下面主要介绍四种常用方法。

1.目标管理法

目标管理法是指在班集体建设中,针对本班学生的实际情况合理确立集体奋斗目标和学生个体奋斗目标,通过两项目标的实现促进班集体建设的方法。目标管理是一个完整的过程,包括目标制定、措施实施、过程检查、评估评价等。如培智学校的个别教育计划就应包含学生适应班级集体生活的内容。

2.制度管理法

制度管理法是指班主任运用行为规范和管理制度来引导班级学生的言行,进而促进班集体组织规范形成的方法。班主任要充分发挥班团队干部的积极作用,调动全体成员参与的积极性,相互帮助,相互监督,模范执行班级管理制度,使班集体有序运转,逐步向好。

3.系统教育法

系统教育法是指班主任要紧紧围绕班集体奋斗目标开展成系列的班本化教育活动,促进班集体建设的方法。特殊学校大多数班主任对待班级活动比较被动,学校要求什么做什么,学校安排什么做什么,即使自己做了许多工作但班集体的建设效果甚微。在系统教育法方面,特殊学校可以向普通学校学习。例如北京市海淀区清华附中许姗姗老师根据女生占班级三分之二的特点,在高二起始便策划了"女生的成长"系列班会。[①]班会名称与目标分别是:做最好的自己(引领女生分析人际交往的特点)、送给最美的你(引领女生挖掘性别和个体魅力)、20岁·30岁·40岁(引领女生学会树立成长目标)。让女生们意识到性别的独特性,自强自立,活出最精彩的自己。

4.自我教育法

自我教育法是指班主任指导学生发挥自我教育、自我管理的作用,促进班集体建设的方法。班集体的组织目标、规范制度、组织机构都是学生自我教育的重要影响源,它为学生的健康成长提供了自我认识、自我评价、自我监督和自我控制的实践机会。学生在集体生活中,通过评价他人、与他人的比较学会认识自己和评价自己;他们在班集体中,

---

① 许姗姗.君子不器,成己达人:班级文化育人的三个维度[J].中国德育,2021,16(6):70-73.

行使自己的权利,履行自己的职责,参与班级活动,学会了自我管理,提高了自我教育能力。该方法的实施要尊重学生、相信学生,也能解决班集体建设中的只"成事"不"成人"问题。

本章小结

本章主要学习了特殊学校班级管理的组织建设。三个基本要素是组织目标明确、组织机构健全、组织制度完善。介绍了班级组织结构的基本模式主要是直线型、职能型、直线+职能型,它们各有优缺点,要根据班级的具体情况来确定。明确了特殊学校班级组织建设的一般过程,分析了班级管理制度的类别与功能。在制定管理制度时,应坚持"具体能操作、简约能理解、亲切能接受"三原则,在实施管理制度时,应考虑注意事项。最后,介绍了优秀班集体的内涵以及形成过程和标志。明确了特殊学校建设优秀班集体的四种途径和四种方法。

讨论与探究

1.班级组织建设的基本要素有哪些?班级组织结构的基本模式有哪些?

2.特殊学校班级组织建设的一般过程是什么?

3.班级管理制度的含义与类别分别是什么?

4.特殊学校班级管理制度的实施有哪些注意事项?

5.班集体的含义是什么?

6.良好班集体形成的标志有哪些?特殊学校优秀班集体的建设途径与方法各有哪些?

项目七　特殊学校班级管理的评价

本章旨在阐明特殊学校班级管理评价的基本内容和指标,并对班级管理评价的具体实施程序做了简要概述。教育评价被誉为教育的"指挥棒",班级管理评价同样如此,具有鲜明的导向功能。班级管理者也只有经过评价才能知悉学生和班级发展状况,从而发现问题,更有针对性地提出解决策略,并为管理决策提供科学依据。

学习目标

1.掌握特殊学校班级管理评价的概念和功能,了解班级管理评价的类型。

2.掌握特殊学校班级管理评价的内容以及指标体系,能够结合某项具体内容设计班级管理评价的方案。

3.了解特殊学校班级管理评价的原则和方法,明确班级管理评价实施的程序。

任务一　班级管理评价概述

评价是一种价值判断活动,是主体对客体满足一定要求的程度作出的判断。[①]　评价

---

①　林冬桂.班级教育管理通论[M].广州:广东高等教育出版社,2008.

包含两个属性,一是标准或依据,二是得出一个结论或作出一个判断。班级管理评价是对整个班级的管理工作进行评价,它从属于学校教育评价的范畴。

一、班级管理评价的概念

班级管理评价是以班级管理为对象,根据班级管理目标,采取一定的测量技术和方法,对班级管理工作过程及效果进行测定,并对班级管理目标的实现程度作出价值判断的过程。[①] 其目的是促进班级管理的有效进行;其方法是可操作的科学方法与手段,评价者通过收集班级和学生的情况进行分析和判断;其价值是把握班集体和学生个体发展的现状和存在的问题,找到解决问题的根本,有效提高班级管理的质量和效果,并为被评价者的自我完善和有关部门的科学决策提供依据。[②]

班级管理评价活动可以分为测定效果和价值判断两个部分。一部分是评价主体通过各种方法收集与目标实现程度相关的事实材料和数据,用以测定班级管理的效果;另一部分是评价主体对所收集的事实材料和数据进行分析比较,对班级管理作出价值判断。

二、班级管理评价的功能

尽管评价是一种管理手段,具有基本的选拔功能,但评价的根本目的是促进发展。所以班级管理评价对班级管理、班主任工作和学生个体发展都有着重要的意义。

(一)导向功能

方向性是任何工作都需要明确的问题。班级管理评价的导向功能是指评价以班级管理目标为标准,而目标本身就具有引导被评价对象朝着理想目标前进的功能。从学校管理层面讲,会制定优秀班集体、优秀班主任、四好少年或三好学生的评价标准,从班级

---

① 张作岭,宋立华.班级管理[M].3 版.北京:清华大学出版社,2019.

② 张文京.特殊教育班级管理与建设[M].重庆:重庆大学出版社,2017.

管理层面讲,会制定优秀班干部、小组长、班级之星的评价标准。这些评价标准本身就具有方向性,起"指挥棒"的作用,也就决定了班级管理评价的导向功能。

（二）激励功能

激励是利用外部因素调动主体的内在动力。班级管理评价的激励功能是指合理有效运用评价手段,能够激发和维持评价对象的内在动力,调动被评价者的内部潜力,提高其工作的积极性和创造性,从而达到班级管理的目的。在特殊学校班级管理中要发挥这种激励作用,应注意评价指标的制订要符合特殊需要学生的年龄特点和实际状况,不可过高或过低,这两种情形都不利于激励功能的发挥。

（三）诊断功能

班级管理是一项长期、复杂的工作,要发现其中的问题就需要定期评价。班级管理评价的诊断功能是指通过科学评价来诊断和评估班级管理的成效、矛盾和问题,以便为班级管理者提供信息支持,作出正确的判断。从学校层面讲,通过评价能够有效判断班级组织的发展状态;从班级层面讲,通过评价能有效诊断班级管理中存在的问题,以便班主任对管理工作及时给予更正或调整,从而保障班级管理工作的顺利进行。如通过可行性评价确立班级发展目标,通过实施过程性评价判断学生的适应程度,通过终结性评价反思班级管理经验。

（四）调节功能

从信息论角度说,评价是一个获取反馈信息并作出调整的过程。班级管理评价的调节功能是指通过班级评价活动可以及时为班级管理者提供班级和学生的反馈信息。针对特殊需要学生的管理工作,更需要发挥评价的调节功能,让学生进一步明确目标,找到自己的差距,调整努力方向或改进学习方法;让班主任对班级工作进行必要的、适当的、及时的调整,以便班级良性运行。

三、班级管理评价的类型

班级管理评价类型会根据评价的目的、评价的对象、评价的内容、评价的主体、评价的方式的不同,得到不同的分类。根据评价的目的不同,可将班级管理评价分为诊断性评价、形成性评价和终结性评价三种。根据评价的对象不同,可将班级管理评价分为对学生的评价、对班级的评价、对活动的评价、对班主任的评价四种。根据评价内容的范围不同,可将班级管理评价分为综合评价和专项评价两种。根据评价的主体不同,可将班级管理评价分为自评、他评和互评三种。根据评价的方式不同,可将班级管理评价分为定量评价和定性评价两种。本书从特殊学校班级发展的角度重点介绍诊断性评价、形成性评价和终结性评价三种。

(一)诊断性评价

诊断性评价又称准备性评价,是指在班级管理活动开始之前进行的评价,其主要目的是了解班级及学生的基本状况,为开展班级管理活动提供决策的依据。例如特殊学校班级进行行为习惯的养成教育,就需要提前了解学生的基本情况,判断主要问题,为确立良好行为标准提供依据。

(二)形成性评价

形成性评价又称过程性评价,是指在班级管理活动开展过程中,依据提供的反馈信息进行的评价,其目的是根据信息调整班级管理的进程或策略,使班级管理活动更有效地进行。形成性评价在特殊学校的班级管理中占比最多,为了解特殊需要学生的进步情况,班主任要多关注学生的日常表现,及时调整管理措施,充分发挥评价的激励功能和调节功能。

(三)终结性评价

终结性评价又称结果评价,是指当相对完整的某项活动进行到一定的阶段或者完成了相关的任务后进行的评价,目的在于确定活动的成效或确定活动的影响程度。终结性评价的优点在于客观具体,使人信服;其缺点在于只看结果,忽视过程,易产生虚假现象。在特殊学校的班级管理中,终结性评价的次数较少,一般是一学期或一学年一次,评价主体应当结合过程性评价来实施,有充分的过程性资料做支撑,才能慎重下结论。

任务二　特殊学校班级管理评价内容和指标体系

特殊学校班级管理的评价内容和指标体系可以借鉴普通学校的,但在具体项目或目标达成度上有差异。要根据当地的社会经济发展条件以及学校的具体情况,并结合班级学生的实际情况来定。建立一套科学、全面的评价内容和指标体系,其目的是对班级管理作出一个公正、科学的评价。

一、特殊学校班级管理评价的内容

班级是非常小的一个集体组织,但要创建"以生为本"的优秀班集体,并不是一件容易的事。特殊学校班级管理评价的内容主要围绕班级、学生、班主任三个层面展开[①],每个层面又包含更为具体的内容。

(一)评价班级

评价班级是特殊学校班级管理评价的主要内容之一,也是学校管理的重要内容。通过评价班级发展现状,及时发现问题,从而提出针对性的解决策略,为班级的正向、良好发展提供科学依据。

1.对班级发展目标的评价

对班级发展目标的评价,应该注重可适性、具体性和可操作性。在特殊学校班级发

---

① 林冬桂.班级教育管理通论[M].广州:广东高等教育出版社,2008.

展目标的确定过程中,需要考虑到特殊儿童身心发展的特点以及不同类型特殊学校的教育理念。只有班级发展目标合理、具体、可操作,才能发挥班级目标的指向性作用。

2.对班级常规的评价

对于班级常规的评价,应该注重出勤、卫生、纪律和行为规范等方面。充分考虑各类特殊需要学生身心发展的特点是特殊学校班级常规设立不可忽视的一点。在进行班级常规评价时,可从以下几点入手:教师能否把控班级常规,维持教室秩序,使教育教学活动井然有序;各种教学活动学生能否积极参与;班级内卫生是否良好等。

3.对班级环境的评价

特殊学校班级环境的评价主要涉及两个方面:一是班级的基础设施能否满足特殊儿童的教育需要。如盲校应创建低视力无障碍环境,为低视生配置助视器械、大字课本、适宜灯具等有关设备;聋校应创建良好的声学环境和安全有序的环境保护听障学生的助听设备。二是班级环境的布置能否结合特殊教育教学的需要。如培智学校班级教学用品的收纳是否整洁有序,有无对个别学生而言的过敏性刺激物,有无分散学生注意的物品等。

4.对班级教学活动的评价

特殊学校的班级管理者要全面了解班级的运行秩序,就需要掌握特殊需要学生的课堂学习情况,因为教学活动是班级教育活动的主要形式。评价班级教学活动要从教学目标的设置、教学内容的呈现、教学方法的选择、教学评价的实施是否符合特殊儿童身心发展的特点、个别化教育是否按照预先制订的计划如实开展、一日生活流程是否根据学生特质和能力设置合理等方面进行。

5.对班级人际关系的评价

班级人际关系的评价主要包含三个方面:一是师生关系是否融洽,主要体现在教师能否公平对待每位学生和坚持因材施教。二是生生关系是否和谐,主要体现在班内学生的交往是否良性、学生的情绪状态是否积极向上、班级内的非正式群体是否健康。三是学科教师与班主任的目标以及教师与家长的目标是否一致,能否为了学生的发展相互配合、协调一致。

除了以上的五个方面,班级评价还包含对班级资源的评价、对班级卫生的评价等方面,所以在对班级进行评价时,应尽可能地考虑到班级管理的各个方面。

(二)评价学生

学生是班级的主体,学生的发展现状影响班级发展的质量。评价学生主要是评价学生的发展现状,在德智体美劳等方面的表现,分析存在的问题和原因,为进一步教育提供依据。班级管理者在评价学生时,既要看到学生群体状况,也要关注学生个体的发展需要。特殊学校对学生的评价一般通过学生综合素质评价表来实现。由于特殊学校学生的特殊性,对学生的评价需要考虑到:个别化教育计划是否符合学生发展的需要;班级内各项活动是否以学生的发展为目标;学生的缺陷是否得到补偿等。

(三)评价班主任

班主任是一个班级的管理者,也是一个班级的灵魂。一个班级发展的好坏,在很大程度上取决于班主任的管理水平。对班主任的评价主要从以下三个方面来进行:

第一是班主任的职业道德素质。班主任是否品行端正、以身作则、为人师表、遵纪守法,是否自觉履行《中华人民共和国教育法》《中华人民共和国义务教育法》《中华人民共和国教师法》和《中小学教师职业道德规范》等法律法规的法定职责等。

第二是班集体的建设情况。班主任建设班集体就得按照班集体形成的规律,通过各种途径和方法,促进班级由松散阶段到形成阶段,再到成熟阶段逐级发展,使班级成为良好的集体。

第三是班级日常管理情况。班级日常管理的好与坏,直接体现班主任的工作能力,是评价班主任的主要内容。为确保班级工作高效运行,班主任可根据学生年龄和身心发展特点制定班级常规管理制度,并严格执行,取得良好效果。

二、特殊学校班级管理评价的指标体系

班级管理评价指标体系是指根据评价的目的,由从班级管理目标中分解出来的不同等级、不同层次、不同方面的指标群及其相应的指标权重和评价标准所构成的集合体。[①]
一般而言,某个评价指标包括名称、标准、权重(或分值)三个方面。下面结合特殊学校班
级管理的评价内容,举例说明特殊学校班级管理评价的指标体系。

(一)评价班级的指标

下面以湖北省枣阳市特殊教育学校的"文明班级工作考核细则"为例,说明评价班级
的指标。

指标一:管理机制(25分)

1.班主任履职到位,手册填写规范,工作有计划、有总结,重视有针对性的细节管理,
活动教育有特色,工作形式有创新,学风、班风良好。(10分)

2.学生自主管理机制较完善,有健全的班级管理组织,能有效开展学生自我教育、自
主劳动,效果较好。(5分)

3.经常与学生谈心,主动与家长沟通,及时发现问题,及早进行教育,妥善处理纠纷,
认真填写记录,做到常抓常管。(10分)

指标二:环境建设(30分)

1.注重班级的环境建设,设计符合班级实际的评比或竞赛,建设公平竞争的学习环
境,桌椅、各类卫生及学习用具摆放整齐、规范。(10分)

2.按规定设置班级班务栏、展示栏、卫生角等,张贴好课程表、作息时间表、卫生值日
表、学生优秀书画作品等,做到班容班貌整洁、优美。(5分)

3.按学校要求,结合形势教育或班级创建需要,定期刊出班级黑板报,板报内容契合
学生实际,起到教育宣传与营造氛围的作用。(5分)

4.认真打扫学校分配的卫生区任务,坚持一日两扫,保持教室、卫生区的整洁。(10
分)

指标三:习惯养成(30分)

1.行为规范和学生礼仪教育与训练经常化和规范化,重视学生行为规范与礼仪的主
体体验,做到言行得体、举止文明。(6分)

---

① 张作岭,宋立华.班级管理[M].3版.北京:清华大学出版社,2019.

2.围绕学校德育的工作要点,有针对性地开展主题班会活动,及时处理班级发生的各类偶发事件,倡导积极、健康、文明的价值追求。(8分)

3.重视生命教育的实践体验,主动参与学校生态德育、生命教育与和谐人格培养的课题研究,师生关系友好、和谐,突出相互尊重。(6分)

4.积极参与学校的星级学生评比及各类活动,努力推进社会主义核心价值观、学生文明礼仪和日常行规养成等教育。(10分)

指标四:实施个别教育(5分)

1.重视班级学生的结对互助教育,积极构建"好帮差、强帮弱、大帮小"的互助机制,促进学生全面健康成长。(2分)

2.结合学科德育和全员德育要求,主动配合学校开展师生结对帮教(扶)活动,重视个别帮助与引导,促进学生均衡发展。(3分)

指标五:学生良好行为(10分)

1.学生能主动向老师或宾客问好,身体健康,乐于助人,勤于学习,爱护公物,能主动维护集体及个人的荣誉。(8分)

2.学校领导、科任教师、生活管理人员、学生家长和在校学生有较高的整体评价。(2分)

指标六:附加分

班集体和个人所获的各级各类奖励(荣誉),其得分计算方法为:校级、市级、省级和国家级的个人一等奖(第一名)分别计3、4、5、6分,二等奖(第二名)分别计2、3、4、5分,三等奖及以下(包括参赛奖)分别计1、2、3、4分,集体荣誉以此基数的2倍类推计分(同一奖项记最高项)。

(二)评价学生的指标

下面以山东省邹平市特殊教育学校的"高年级学生综合素质评价档案"为例,说明评价学生的指标。该评价等级分"优秀、良好、合格、需努力"四档。

指标一是学科学习发展性评价,主要指学生所学课程的成绩,如语文、数学等,分为期初、期中、期末,以及总评。

指标二是基础性发展目标评价,主要指道德品质、公民素养、学习态度与能力、交流与合作能力、运动与健康、审美与表现等项目,每一个项目下面再列评价要素与关键表现,分自评、互评、师评,以及总评。例如道德品质项目下的关心集体,分为四个等级,A等级是珍惜集体荣誉,维护集体利益,主动积极参加班级各项集体活动;B等级是有集体荣誉感,能按要求认真参加各项集体活动;C等级是能参加集体活动,尚能完成集体分配的工作;D等级是不愿意参加集体活动,自由散漫,经常无故迟到逃课、旷课,多次做过损害集体荣誉的事。

指标三是综合实践活动项目评价,主要指劳动实践、社会实践、研究性学习、社区服务等,列出代表性活动名称,给予评价等级。

学年度还有一个综合评价(表7-1),是在前三项评价的基础上进行总评。

表7-1　学年度综合评价

基础性发展目标学年度总评						
名称	道德品质	公民素养	学习态度与能力	交流与合作能力	运动与健康	审美与表现
等级						
学生本人综合评语(本学年度学习生活的经历与体会):						
班主任综合评语:						

(三)评价班主任的指标

下面以四川省资阳市安岳县特殊学校的"班主任考核制度"为例,说明评价班主任的指标。主要包括班主任职业道德(10分)、学生安全(15分)、学额巩固(6分)、班集体建设(32分)、日常管理(20分)、班级活动(12分)、其他事务(5分)等项目,合计100分。每一项目下都有具体的考核标准与依据。如学生安全项目15分的考核标准是"认真开展安全教育。能及时妥善处理好本班的安全事件,并能积极配合学校处理好安全偶发事件。因管理疏忽,教育不力,造成学生在校期间出现安全责任事故,影响学校声誉造成严重后果的:影响在县内的扣10分/次,影响在校内的扣2分/次,扣完为止。并按相关规定追究其责任。备好安全教育课;无安全备课、无安全工作记录按照安全办的细则扣分",此项主要按照安全办提供的数据为依据,同时参看有关文件、会议通报、家长来访等。

任务三　特殊学校班级管理评价的实施

特殊学校班级管理评价的实施就是按照制定好的评价方案将纸上的内容和指标变为实践的过程。这项工作能否科学、有效地落到实处,发挥班级管理的实效,取决于实施的具体情况。

一、特殊学校班级管理评价实施的原则

特殊学校班级管理评价的实施必须遵循主体性原则、整体性原则、发展性原则、操作性原则以及导向性原则。

（一）主体性原则

主体性原则是指在班级管理评价中,要以学生为中心,充分尊重学生的主体地位,调动学生参与班级管理评价的主动性和积极性。[1] 在特殊学校班级管理评价中,主体性表现为要充分了解班级学生的身心发展特点和能力现状,选择合适的班级管理评价指标体系,在学生能力允许的情况下参与其中,发挥"主人翁"的地位,成为评价的主体,打破班主任和学校行政部门"一言堂"的局面,从而让学生参与到班级管理中。

（二）整体性原则

整体性原则是指在评价过程中,评价者要将班级管理工作作为一个有机整体来看

---

[1]　张作岭,宋立华.班级管理[M].3版.北京:清华大学出版社,2019.

待,不但要全面地了解班级学习、生活状况,以及各项措施和活动对学生个体和班集体成长的价值,还要全面探讨这些因素所拥有的教育意义。在特殊学校班级管理评价中,每个学生都是独特的个体,发展水平和能力现状各不相同,所以评价过程中评价指标体系的制定要着眼于学生的整体发展情况,还要考虑到班级活动的内容和形式是否适合,是否真正有利于学生的参与以及教育效果能否真正辐射到每一位学生。

(三)发展性原则

发展性原则是指要以发展的眼光来进行班级管理评价,并且在评价过程中要始终以促进学生的全面发展为目标。在特殊学校班级管理评价过程中,不能以"整齐划一"的标准要求每一位学生,要关注到班级的动态成长,要关注到班级管理和班级活动对于学生成长产生的重要影响。

(四)操作性原则

操作性原则是指在班级管理评价过程中,评价指标体系的制定是可操作的,能够具体量化的,并且应尽可能地简要易行,使评价者和被评价者都能明确评价的标准,从而促进班级管理工作。对于特殊学生来说,可以辅之以视觉提示帮助他们更好地理解评价指标体系。

(五)导向性原则

导向性原则是指在班级管理评价过程中,评价指标体系的确定就像班级管理者的指挥棒一样,帮助其明确方向。为发挥评价指标体系的导向作用,把班级管理工作引导到实现班级管理目标上来,建立的评价指标体系要与班级管理目标一致,避免出现方向偏差或分散。

二、特殊学校班级管理评价实施的方法

班级管理评价实施的方法具体是指在评价过程中设计评价指标体系的方法、收集评

价资料的方法、分析评价资料的方法和进行价值判断的方法。[①] 设计评价指标体系的方法主要有确定评价指标、分配指标权重、编制评价标准三个步骤,本章第二节已经通过案例的形式予以说明,在此重点介绍收集评价资料的方法、分析评价资料的方法和进行价值判断的方法。

（一）收集评价资料的方法

评价资料的收集是评价工作开展的前提和基础,是进行科学评价的依据。收集资料的方法很多,常用的有观察法、调查法、测验法、个案研究法等。下面将观察法和调查法做简要概述。

观察法是指评价者根据评价指标体系,用自己的感官和辅助工具去直接观察被评估者,从而获得资料的一种方法。科学的观察具有目的性和计划性,系统性和可重复性。调查法是指评价者根据评价指标体系,通过问卷、访谈、测验等科学方式,有目的、有计划、系统地收集有关评价的信息与资料的方法。最常见的调查法有问卷调查法和访谈法。

（二）分析评价资料的方法

整理与分析评价资料是指评价者对原始资料进行系统化、条理化分析之后,用浓缩的方式将资料结果反映出来,作为对班级管理工作进行评价的依据。常用的方法有定性分析法和定量分析法。

定性分析法是对收集来的并经过整理的反映班级管理工作状况的文字资料进行性质特点或变化原因、变化过程分析评估的方法。其基本方法是哲学上的思辨方法,具体包括比较分析法、系统分析法、因果分析法、归纳与演绎法、分析与综合法等。定量分析法是对收集来的并经过整理的反映班级管理工作状况的数据资料进行量的特征和变化态势分析评估的方法。其主要包括指数法、累积分数法、统计分析法、综合评判法等,其中最常用的是统计分析法[②]。

---

①　张作岭,宋立华.班级管理[M].3版.北京:清华大学出版社,2019.

②　张作岭,宋立华.班级管理[M].3版.北京:清华大学出版社,2019.

（三）进行价值判断的方法

价值判断是班级管理评价的核心内容。在进行价值判断时,根据参照的价值标准的不同,价值判断的方法可分为相对评价法、绝对评价法和个体内差异评价法。

相对评价法又称常模参照性评价法,是运用常模参照性测验对班级管理进行的评价。主要侧重于跟校内其他被评价的班级进行比较,从而确定每个班级的管理工作状况在学校所有班级管理工作中的相对位置。常模参照性测验的标准是依据校内所有班级的整体状态确定的。

绝对评价法又称目标参照性评价法,是运用目标参照性测验对班级管理进行的评价。具体做法是以预先制定好的班级管理目标为参照性标准,从而检验评价对象是否达到该标准。需要注意的是绝对性评价不需要参照评价对象所在学校的整体情况,只有参照性标准进行评价。如市级优秀班主任的评比就是绝对评价法。

个体内差异评价法是将被评价班级的过去和现在进行比较,或将班级的不同方面进行比较。如在特殊学校中,可以将学生学期初在某一方面的能力水平作为评价标准,再和学期末的水平进行比较,通过考察就明确学生能力提升的状况,从而看出班级管理的效果。

三、特殊学校班级管理评价实施的程序

班级管理评价是一个动态的过程,评价的实施在这一过程中尤为重要。为避免出现程序性的错误,班级管理评价的实施要遵循一定的流程。一般而言,班级管理评价的流程如图 7-1 所示。

图 7-1　班级管理评价实施的流程

（一）准备阶段

班级管理评价的准备阶段至关重要,影响着评价的最终结果。一般包括人员准备和

方案准备两个方面。

人员准备主要包括成立专门的评价领导小组和确定被评价对象。根据特殊学校的实际情况确定,评价领导小组人员可包括校领导、行政部门、教学部门的负责人以及班主任等,主要负责评价工作流程的制定和方案合理性的审查,同时还应该接受专门的业务培训。被评价对象应以班级为单位,涵盖班级管理的各个方面,如班级的管理目标完成度、完成效果、班主任工作情况、班内学生的发展状况等。

方案准备是指在评价开始前,评价者对整个评价过程进行科学合理的规划,主要回答"为什么评,由谁来评,评什么,怎样评"的问题。[①] 即确定评价者、评价目标、内容、指标体系,可参见第二节。

（二）实施阶段

班级管理评价的实施是整个评价过程的中心环节,评价者根据评价目标和指标体系,收集相关资料,进而作出评价结论。

资料收集的方式多种多样,最常见的有问卷法、观察法、访谈法等。需要指出的是,特殊学校班级管理评价的方法应结合特殊学校的实际情况和学生身心发展状况来确定,也可多种方法同时并用,从而确保所收集资料的可靠性和全面性。

搜集来的资料信息不仅包括很多定量数据,还包括大量的非定量文本背景数据,必须对这些数据进行分析与处理。定量数据可以借助数据统计软件进行处理;非定量文本背景数据可以对其进行归纳和整理,使其条理化,并按照指标量化。

将分析处理后的数据与评价指标体系进行比较,判断班级管理目标是否实现,进而得出结论,总结成效,并指出缺陷和不足,为以后的目标设定提供依据。

（三）总结阶段

班级管理评价的总结阶段是对整个评价工作进行资料归整、分析比较、总结经验的阶段。完成一次科学规范的班级管理评价,不能仅仅停留在谁好谁差的结果上,还应当对评价本身进行质量分析、信效度检验,分析不够完善的地方,对资料进行归整、存储,以

① 张作岭,宋立华.班级管理[M].3版.北京:清华大学出版社,2019.

便查证,为改进评价指标或教育科研提供佐证。

本章小结

本章主要学习了特殊学校班级管理评价的基本内容和指标体系以及实施程序。特殊学校班级管理评价具有导向、激励、诊断和调节功能,常用的评价类型是诊断性、形成性、终结性评价,实施评价的主要目标是诊断特殊需要学生和班级发展状况,从而提出切实可行的建议。班级管理评价实施过程中要遵循主体性原则、整体性原则、发展性原则、操作性原则以及导向性原则,并按照准备—实施—总结的步骤有序进行。

讨论与探究

1.特殊学校班级管理评价的概念与功能是什么?

2.请举例说明班级管理评价的类型。

3.特殊学校班级管理评价的内容有哪些?

4.特殊学校班级管理评价实施的原则是什么?

5.特殊学校班级管理评价的实施有哪些阶段?

项目八　特殊学校班级管理中的人际关系

本章旨在阐明特殊学校班级管理中的人际关系,明确特殊学校教师与学生、学生与学生、教师与家长之间的关系。学校作为一种教育组织,其进行的各种教育活动,几乎都是以人际沟通形式进行的,对特殊教育学校来说亦是如此。因此,研究和处理好人际关系对特殊学校班级管理具有重要的现实意义。

学习目标

1.掌握学校班级管理中的师生关系的特点,明确特殊学校师生关系的特殊困难。

2.正确理解班主任与学生的关系,掌握特殊学校建立融洽师生系的途径。

3.了解特殊学校学生与学生之间的关系类型,掌握改善特殊学校学生之间关系的途径。

4.能结合具体情况,说明处理学生之间矛盾的原则与方法。

5.能根据特殊需要学生家长的类型进行更好的沟通,并处理好特殊学校教师与家长的关系。

任务一 特殊学校教师与学生的关系

师生关系是教育关系中最基本的表现形式,也是教育关系的核心。古人云:"亲其师则信其道。""亲师"指良好的师生关系,是学生接受教师教育的前提,这一点与现代教育观念是共同的。

一、师生关系

师生关系是指教师和学生在教育教学过程中结成的相互关系,包括彼此所处的地位、作用和相互对待的态度等。它是一种特殊的社会关系和人际关系,是教师和学生为实现教育目标,以各自独特的身份和地位通过教与学的直接交流活动而形成的多性质、多层次的关系体系。师生关系并不随教师和学生的主观态度而转移,而是由客观条件所决定,并且在教师和学生的积极活动中得以表现。

(一)师生关系的特点

良好的师生关系不仅是顺利完成教学任务的必要手段,而且是师生在教育教学活动中的价值、生命意义的具体体现。

1.教育关系

师生的教育关系是由教与学的本质决定的,又可称为业务关系。因为教学是一种双边活动,师生为了完成一定的教学任务而进行的分工合作。苏霍姆林斯基说:"上课则是儿童和教师的共同劳动,这种劳动的成功首先是由师生相互关系来决定的。"这种业务关系以多种方式呈现:教师讲授,学生听讲;教师引导,学生讨论……通过丰富多彩的教学内容,师生互动完成任务,从而增长学生知识,提高学生能力。

2.心理关系

师生之间不仅有正式的教育关系,还有因情感的交往和交流而形成的心理关系。心理关系是师生为完成共同的教学任务而产生的心理交往和情感交流,这种关系能把师生双方联结在一定的情感氛围和体验中,实现情感信息的传递和交流。师生心理关系对教学活动具有重要影响,是教学活动得以展开的心理背景,并制约着教学的最终结果。同时,良好的教学过程和教学结果,会促进师生情感关系更加融洽和谐。所以加强师生之间的相互理解和沟通,直接关系到学生的学和教师的教,甚至会对学生世界观、价值观的形成产生很大的影响。

3.伦理关系

师生之间的伦理关系是指在教育教学活动中,教师与学生构成一个特殊的道德共同体,各自承担一定的伦理责任,履行一定的伦理义务。学生的道德观念有很大部分是从教师那里直接获得的,教师会潜移默化地对学生施以道德方面的影响。这就需要教师不仅有广博的知识,还应该有高尚的人格和正确的道德思想,而这正是建立良好的师生伦理关系的关键。

4.对话关系

对话是人与人之间的平等交流,师生平等是教育活动的基础和出发点。对话关系是指师生间相互包容、共同参与教学活动,实现双向互动的人际关系,它区别于传统的"独白"型单向灌输的师生关系。平等、对话、理解的师生关系才是真正符合人性的师生关系。坚持对话是新型师生关系的主旋律,在对话的交互关系中,教师不是知识的占有者和给予者,而是通过师生的对话、理解,从而使双方受到精神的教育。

5.反思关系

教育活动是一项长期复杂的工作,会出现许多不如意的事情,这就需要师生换位思考,反思各自的问题,以便更好地完成教与学的任务。反思关系是指师生间要换位思考,教师要设身处地思考学生的能力与需求,学生要体会教师的良苦用心,努力适应教学要求。为了更好地履行职责,教师和学生——这两个教学最核心元素会被放在一起进行思考。它有利于教师及时调整教学思路,正确看待师生关系,正是在不断反思中,教学效果得到提高。学生也需要一个独立思考的时间对教师教学进行理性评价,对知识进行整理、内化,只有经过思考,才能对自己的学习作出调整,从而更好地与教师配合,一起完成教学任务。①

(二)特殊学校的师生关系特点

特殊学校师生关系因教育对象的特殊性更显情感意义与关怀意蕴。在具体实践中,特殊学校的师生关系容易出现偏倚现象,主要表现为知识与情感的剥离、单向线性关系、过度依赖这三点。② 这就需要特殊学校的教师克服困难,凸显人文关怀,运用自己的智慧去创造良好的师生关系,让师生关系回归到更具情感性、教育性与关怀性的特点上。

1.特殊学校师生关系更具情感性,努力克服知识与情感的剥离

在身心二分、灵肉分离的哲学思维下,知识教育与理性培养被过度拔高,而身体与情感被视为欲望与罪恶之源。与此相应的是,特殊教育强调对特殊需要学生的潜能开发和缺陷补偿,特殊学校教师对特殊需要学生的认知通常易陷入"潜能说"与"无能说"两种认识取向。持"潜能说"的特殊教育教师认为,特殊需要学生虽有身心缺陷,但在某方面存在特定潜能,借助教育可合理开发特殊潜能。③ 而持"无能说"的特殊教育教师认为,残疾即残废,教育就是安全看护和培养生存本领。当特殊学校过度沿袭普通学校的管理制度时,强调分数至上和荣誉至上,就会造成师生关系中的知识与情感的剥离,即过度强调知识与技能的学习,忽略特殊需要学生的自主性、创造性的情感培养。

2.特殊学校师生关系更具教育性,努力克服单向的线性关系

尽管教师与学生双方在生命尊严、人格、权利等方面处于平等地位,但分别代表身心成熟与不成熟。在教育活动中,教师处于平等交往的首席,具有先发优势,师生交往围绕知识、经验等方面展开。学生由于不成熟在交往中处于相对弱势,特殊需要学生更因身心障碍使其在师生交往中处于更加不利的地位。如孤独症、智力障碍、脑瘫等不同类型与障碍程度的特殊需要学生本身就存在一定程度的社交互动障碍,社交发起、维持困难,情绪情感的感知、理解、表达及回应易受生理或心理限制。特殊学校教师在课堂教学之

① 车琨.新型师生关系之特点及构建[J].长春教育学院学报,2015,31(2):137-138.
② 杨银.情感教育视域下特殊教育师生关系的偏倚及回归[J].教育理论与实践,2021,41(16):37-41.
③ 倪胜利,李虹汛.全纳教育:历史检视与实践观照[J].西北师大学报(社会科学版),2019,56(6):121-126.

130

中往往容易陷入"自说自话""自导自演"的尴尬境地,特殊需要学生则对教师的教学要求、情感关怀等"反应淡漠"。师生关系容易沦为特殊学校教师的"单向输出"与特殊需要学生的"事不关己"的局面。

3.特殊学校师生关系更具关怀性,克服学生对教师的过度依赖

随着中重度特殊需要学生进入特殊学校就读,原本家庭应承担的特殊需要学生的饮食、如厕、穿着等基本生活照料任务交给了教师,特殊学校教师由此面临更大的挑战。这些学生因生理或心理障碍,生活自理能力薄弱,适应学校存在困难,必然要求特殊学校教师对学生给予更多的生活照料、感知觉训练、行为干预、危机处理等非知识教学任务。在班级管理中,教师给予特殊需要学生更多的照料与关怀无可厚非,但师生双方在交流时长与深度上的增加,可能会造成特殊需要学生在生活细节上对教师的过度依赖,进而造成特殊学校教师被迫充当"生活保姆"的角色,易情感耗竭,滋生出工作倦怠,丢失最基本的教育关怀性,所以应培养学生自立能力。

二、班主任与学生的关系

在学校教育中,班主任是与学生走得最近的管理者,与学生朝夕相处,是学生教育的第一责任人。

（一）平等民主的关系

每个人都一样,学生也有着自己的人格尊严。就像老师要求学生尊重师长一样,班主任也应该尊重每一个学生。班主任要尽可能地深入学生内部,与学生打成一片,让学生觉得班主任可以亲近,这是新时代良好师生关系的基本保障。所以,班主任对自己的学生要有爱心,在班级里营造出和谐、友爱、平等、互助的良好氛围,即使是后进生,也要让他们感觉到来自集体的温暖,感觉自己是班级的主人。

（二）互相信任的朋友关系

班主任应当把学生当成自己的孩子去关心、爱护。用爱的语言、爱的方式去处理学生和老师的关系,主动关心学困生,关心生活上有困难的学生。当然,也要时时鞭策、鼓励成绩优秀、聪明伶俐的学生,让他们确立正确的世界观、人生观、价值观,相信自己的能力,有勇气、有动力取得更大的进步。班主任要和学生走得更近一些,敞开心扉与学生交流,了解学生的内心。还要开诚布公地与学生探讨班级的管理,探讨人生,探讨社会热点。只有当学生和班主任在交流上没有了障碍,成了知心朋友,才能及时了解问题,解决问题。

（三）互相促进的关系

从班主任的教育职能来说,教师的劳动价值要靠学生的知识能力的提高来体现。为了获得好的教育教学效果,使自己的教育成果更加丰硕,为了在自己的岗位上做出更大的成绩,实现自己的人生价值,班主任都希望能有优秀的教育效果。班主任只有把学生当作自己前进道路上的好伙伴,好帮手,才能一心一意为学生着想,才能更好地发挥自己的主观能动性,创造性地去完成自己的工作,才能管理好一个班级,才能与学生一起不断取得更好的成绩。反过来说,学生也只有尊重班主任,爱戴班主任,把班主任当作学习生活中的朋友,充分信任班主任,才能更好地接受班主任所讲的道理,实现自己优化发展,取得更大进步的目标。

三、任课教师与学生的关系

如果说班主任是夜空中的圆月,那么任课教师就像月亮旁边的星星,光芒永远赶不上月亮。那么作为任课老师,应该如何处理好与同学的关系,让学生既喜欢你又能学好你所教的学科呢? 可以从以下四个方面处理。

（一）尊重

尊重学生是良好师生关系的核心,也是教育进步的基础,因为教师在法律地位上、人格上与学生是平等的。教师要认识到,自己无意的一言一行、一举一动,都有可能改变孩子的一生,因此,任课教师要注意多鼓励学生,鼓励会让学生增强自信,从而不断努力,使自己的潜力最大限度地发挥。

（二）平等

有这样一句话，"爱优生是人，爱差生是神"，教师虽然不是神，但应具有这样的胸怀和追求。教师不能因为某个学生成绩好而偏爱他，甚至作出不公平的决定，即使是所谓"差生"，也不应当受到歧视和忽略。任课教师要客观公平地对待他们，这样才能避免偏颇，才能促进每一个学生的发展。他们才会觉得你这位教师可亲可敬，进而相信你，听从你的教育。

（三）宽容

苏霍姆林斯基说："要时刻记住自己曾经也是个孩子。"每一个热爱孩子的教师都应该有一颗宽容的心，教育的过程就是一个不完美的人领着一群不完美的人寻找完美的过程，能宽容孩子的错误，需要老师有容人的雅量和宽广的胸怀。

四、融洽的师生关系建立途径

《新时代中小学教师职业行为十项准则》明确要求每一位教师努力成为有仁爱之心的好老师，更加凸显师生和谐融洽关系的重要性。特殊学校的教师要与学生建立融洽的师生关系，需要借鉴普通学校的典型做法，一是走进学生的内心，善于发现学生的优点，多鼓励、表扬、褒奖学生的行为，让学生感受到来自教师的关注。二是重视学生的个性发展，要考虑学生个体之间的差异，多观察学生，考虑学生的个性。三是创造平等的关系，鼓励每一名学生积极、自觉、主动地讨论、交流、发言与提问。四是保持良好的有效沟通，善于运用沟通的艺术，对症下药，抓住重点，真正深入学生的内心，做有实效的教育。五是有足够的耐心，教育是慢的艺术，不是以教师个人的意志行事，而是要遵循学生身体成长与心理成长的规律。六是学会与学生换位思考，解决学生问题时，多从学生的情感体验、思维方式和立场思考。

另外，因为特殊需要学生本身的特殊性，还需要做到以下三点。

（一）以情感人，爱护学生

特殊学生的情感具有独特性，特殊学校教师要多接触特殊学生，多了解他们的具体需求，多关心和爱护他们，这样才能获得他们的信任。此外，教师还要善于调节特殊学生的情感，让他们保持积极向上的心态，这对和谐师生关系的建立有着重要的意义。

（二）树立良好形象，提高自身素质

面对障碍学生，每一个学生都是一个独特的个体，都有着不同的情感特征，这就要求特殊学校教师不断学习特殊教育专业知识，不断提高自身的专业素质，在学生中树立良好的自我形象。教师在教学实践过程中，要适当引入一些适合特殊需要学生参与的新型活动，并给予他们正确的引导和教育，使他们的身心得到发展，由衷佩服教师，从而建立和谐融洽的师生关系。

（三）合理安排教学内容，因材施教

教师在教学实践活动中，要根据不同的学生选择适当的教学内容，合理运用教学手段与方法，充分调动起特殊需要学生的学习积极性。例如智力障碍学生就像小孩子，教师可以组织一些简单安全的小游戏，满足智力障碍学生锻炼身体、促进智力发展的目的。视力障碍学生喜欢带音乐提示的运动和游戏，教师可以设计一些带有声音提示的集体合作类小游戏。这种因材施教的方式不但可以培养学生的学习兴趣，增强学生的身体素质，而且有助于和谐融洽师生关系的建立。

任务二　特殊学校学生与学生的关系

在班级管理中同学与同学之间的关系，简称生生关系，又称为同伴关系。小学高段和中学段生生关系不仅包括同班同学之间的关系，还包括跨班级或跨年级的同学之间的关系。本书重点关注学生与同班同学之间的交往关系。

一、生生关系

生生关系是学生班级日常生活中最基本的关系形态之一,相对于师生关系而言,它具有持续时间长、交往密切、内容丰富的特征。

(一)学生间关系的特点

学生个体在同学之间会逐渐形成自己的人际圈和位置,这种生生交往形成的人际关系有以下三个特点。

1.纯洁性

学生的心理、生理发展的特点,决定了朋友在其生活中的重要地位,甚至超越了以往父母、教师在其心目中的位置。学生心地单纯,往往是基于共同的兴趣、爱好、活动特点和态度而结成的真诚纯洁的友谊。同学之间利害冲突少,人际关系不是建立在利益关系基础上的,较少受功利色彩污染。

2.情感性

学生间关系具有强烈的情感色彩。尤其是年龄小的学生,交往目的并不清晰,情感上的好恶成为择友标准,所以交往关系不稳定。此特点易形成学生重情感轻理智的交往倾向。随着年龄增长,情感因素的作用减弱。

3.矛盾性

学生间关系容易产生矛盾和冲突。尽管特殊需要学生对同伴有强烈的合群愿望,但由于学生缺乏交往经验和技能,缺乏交往常规,再加上自身的行为问题或表达方式特殊,容易在交往中产生矛盾,造成同学之间关系紧张。[1] 例如同桌之间的摩擦,好朋友之间的别扭,同伴之间的嫉妒等。这种紧张关系可能是暂时的,也有可能发展成长期的对抗。

---

[1] 张文京.特殊教育班级管理与建设[M].重庆:重庆大学出版社,2017.

（二）影响学生间交往的因素

在一个班级内,影响学生之间交往的因素很多。有从社会、学校、家庭环境宏观分析,如家庭社会地位、经济状况、文化教育水平等因素影响着学生的交往关系。也有从个体的情绪、心理、能力等因素微观分析。班级管理者要综合考虑各种因素,以便准确掌握学生间的交往特点。下面重点介绍三个因素。

一是空间距离。学生更容易与心理距离近、座次接近、家庭住址接近的学生来往频繁,感情融洽。

二是个人能力与品德。学习成绩好的同学,大家都愿与他交往;思想品德表现好,热爱和关心集体的同学,易受到大家的好评与拥护;具有良好个性特征的同学,易与他人结成良好关系。另外,仪表也是吸引人际交往的因素之一。

三是受家长和老师的影响。在学生成长历程中,家长、教师都一直在关心、指导他们择友交友。特别是在年龄小的学生身上尤为明显,往往是家长将老师与自己都喜欢的孩子作为自己孩子的友伴。随着年龄增长,学生形成自己的交友准则,但家长、教师的影响依然存在。

二、特殊学校学生之间人际关系的类型

特殊教育学校学生间人际关系主要有三种类型。

第一,友好关系型。其特点是双方满意,彼此信任,感情融洽,亲密等。此种类型有性质和程度上的区别。有健康和积极的友好关系和不健康的消极的友好关系,其程度上也有差别。要根据其不同的交往内容和交往形式而定。

第二,对立关系型。其特点是互相不满意,不融洽,不信任,彼此疏远,排斥,反感,有冲突的对立关系。也有性质和程度上的不同,有剧烈冲突、公开冲突、隐蔽冲突、一般对立之分。班级管理者应分清性质和程度上的差异,分别采取对应措施,避免公开的激烈的冲突,消除冲突的隐患,化干戈为玉帛,重建良好的人际关系。

第三,孤独和孤立型。如一个学生在集体中不被他人选择和容纳,他也不选择或容纳其他同学,那么他就是集体中的孤独者。孤独者对同学往往冷淡冷漠,但不存在厌恶、憎恶感。如果一个学生在集体中被选择的人极少,甚至没有,而排斥他的人却很多,那他就是集体中的孤立者。孤立者对许多同学都有敌对和不满情绪,自己也受同学的敌视和排斥,需要对这类学生进行认真的心理调节和辅导。

三、改善特殊学校学生之间关系的途径

建立同学间友好型关系是改善特殊学校学生间关系的目标,针对特殊需要学生的身心发展特点,班级管理者要通过班级活动增加学生间的互动交流,教会学生日常交往常规,让学生在交往中始终坚持和睦相处的理念,形成良好的班风。下面介绍四种改善学生间关系的途径。

(一)平等与尊重

平等与尊重是人际交往的基础。平等是内心的原则,尊重是外显的表现,交往双方要尊重自己,平等地对待他人。在班级活动中,可以把平等与尊重作为评价的指标,培养学生认识到或做到彼此平等与尊重。

(二)合作与竞争

合作与竞争是人际交往的动力。在现代社会中,善于与他人合作,是成功的重要因素,合作使同学们体会快乐,得到内心的满足;通过竞争,能让同学们体会紧张与落后的感觉,锻炼同学们的心理承受能力。因此,教育学生应正确看待竞争,树立正确的学习榜样,在竞争中彼此推动向前发展。

(三)理解与宽容

理解与宽容是人际交往的保障。有人说:"理解万岁",人人需要理解,从理解开始,理解他人的感受,理解他人的行为,理解他人的需要,感受他人的感受,这样人与人的内心才能交融;也有人说:"宽容是一种美德",人往往宽容自己很容易,宽容别人却很难,宽容能使学生之间少些冲突,达到共处,能让学生创造和睦相处的良好班风。因此,班级管理者要营造理解与宽容的班级氛围,教育学生正确处理生生间的矛盾。

（四）赞美与欣赏

赞美与欣赏是人际交往的方法。有人说："什么是富有啊，真正的富有就是拥有感激和赞美——拥有喜悦。感激是一朵最美的花，赞美和欣赏也是，甚至是最伟大的花。没有感激，没有赞美和欣赏，我们的生命根本无法开放，也无法被点亮。"因此，班级管理者要使学生认识到每个人都需要被人欣赏和赞美，要学会善于欣赏和赞美别人的方法，进一步增进同学之间的友谊。

四、处理特殊学校学生之间矛盾的原则与方法

特殊学校班级中学生之间的矛盾在所难免，班级管理者要及时发现这些矛盾。对学生间的矛盾须及时处理，尽量客观公正、方法得当。否则，矛盾拖延时间长了，小纠纷会变成大纠葛，难以排解；不恰当的处理态度与方法，可能会激化矛盾，造成学生间更大的冲突。学生间关系的恶化甚至有可能导致欺凌、厌恶学校、班集体，进而要求转学或退学。

（一）原则

教师在处理学生之间矛盾时，要坚持三个原则。

一是坚持"育人为本"的原则。注重教会学生做人，培养形成正确的思想，养成良好的行为习惯。

二是坚持"以人为本"的原则。充分尊重学生人格，向学生传递尊重、信任和期待等信息，平等地与之交流。

三是坚持"以理服人"的原则。以事实为依据，客观公正地分析错误的起因与后果。

（二）方法与步骤

一般而言，处理学生之间矛盾须按照以下四个步骤来进行，这样才能取得良好的效果。

1.隔离矛盾双方,了解问题,分别谈话,找出矛盾症结

矛盾发生后,矛盾的双方往往不能冷静、理智地面对。如果双方站在一起,难免各执一词,很可能让矛盾激化,不利于矛盾的解决。隔离矛盾的双方,让彼此冷静下来。然后分头谈话,找出矛盾症结。引导双方换位思考,启发双方主动认错,做好向对方道歉的准备。

2.集合矛盾双方,以公平公正的方法处理问题

当矛盾的双方都认识到各自的错误后,就要给双方提供沟通的机会。及时地集合矛盾的双方,帮助被冒犯、被欺负的学生向对方表达自己的感受,鼓励矛盾双方主动向对方道歉。双方真诚面对,做到口服心服。还可以文字立誓,表明今后的想法,这也是一种有效的约束形式。

3.通知双方家长,争取形成合力

通知家长绝不是为了向家长告学生的状,而是让家长了解自家孩子的错误,引导家长配合学校教育,鞭策孩子不断进步。也可以防止学生双方已经达成谅解,但家长不够宽容,一味向着自己的孩子说话,人为制造隐患。

4.跟踪反馈,巩固成果

有些矛盾具有反复性,容易反弹,这就要求班级管理者做好善后工作,随时跟踪了解矛盾双方的反应。多与之交流,并努力给学生创造转变的契机,克服学生不良的心理认识,培养他们健全的心理品质。

任务三 特殊学校教师与家长的关系

家长与老师有一个共同点,那就是所做的一切都是为了孩子好。无论面对什么样的家长,特殊学校教师首先要尊重他们,其次加以引导。班主任要针对不同家长的特点,利用自身的教育能力为他们提供有效的家教方式,带动更多的家庭用科学的方法来养育孩

子,形成协同育人的良好关系。

一、特殊学校家长教育类型

对于班主任而言,需要具备与不同性格特点的人沟通的能力。特别是特殊学校的家长,因为孩子的特殊性,家长也随之具备一些特殊性。班主任在与性格迥异的家长对话时,要能够游刃有余,从从容容,需要把握不同类型家长的特征,营造和而不同的交流氛围。

(一)科学民主型

无论你在什么样的特殊学校,你的班上总能找出几位科学民主型家长:父母二人文化素养较高,但从来不以家教专家自居,每次和老师见面时总是非常虚心地询问孩子最近有哪些不足,聆听老师给他们的建议。学校对家长提出的任务,家长总能高品质地完成。[①]

(二)溺爱放纵型

溺爱放纵型家长会有这样的情况:周五下午,又到了家长接学生回家的时间,老师正忙着和几个平时表现不算理想的学生对话。家长刚刚听完老师的一席话,试图当着老师的面教育孩子几句。谁知孩子突然放声大哭,冲着家长乱吼乱叫,甚至摔门而出。家长一脸无奈,似乎已经习惯了孩子的这种表现。孩子有这种表现并不是偶然的,家长一贯的溺爱放纵,是孩子有此种表现的根本原因。溺爱放纵型家长容易偏听偏信孩子一方的言论。

(三)放任自流型

放任自流型家长一般对特殊儿童要求并不是很高。他们常以"文化水平不高""工作非常忙"等为由,把孩子送到学校后不管不问。如果试图带动他们开展家庭教育,他们张

---

① 田冰冰.轻轻松松当好班主任[M].北京:教育科学出版社,2017.

嘴就是"老师,我只是小学毕业……""我什么也不懂,辛苦老师您了"等。这类家长最突出的弱点,就是他们从来没期望自己的孩子能取得成功。

（四）期望过高型

期望过高型家长觉得孩子未来一定能出人头地。但遗憾的是,孩子并没有表现出过人的天赋,甚至达不到普通孩子的水平。"10 以内的加减法做起来慢极了""你真的是笨死了!"似乎成了这类家长的口头禅,这一切似乎和妈妈的期望相差很远。这类家长总是对孩子充满期待,希望把孩子培养成杰出人才,却没有脚踏实地,不能接受自己孩子是特殊需要学生的事实,只顾盲目地按照自己的理想来要求孩子,这是一种错位的家庭教育。

（五）经济杠杆型

"写完作业,奖五十""考完有进步,奖一百""周五得到老师一个表扬,周末奖励去游乐场玩一整天"……经济杠杆型家长不停地向孩子发布各类金钱奖励政策,期待靠金钱来调动孩子的积极性,却很少关注孩子的精神需求。若家长长期以金钱作为孩子学习的动力,会导致孩子离了钱就不动了。这时,孩子会觉得学校里的学业生活是一种负累。

（六）全面移交型

"老师,我的孩子就全交给您了。"开学见面时,全面移交型家长常常非常热情地和教师交流,让人觉得他十分真诚,但一个学期下来,根本见不到他们的踪影。他们或长期在外地工作,或是单亲父母,或是生意缠身,无暇照顾孩子。

（七）机械管理型

机械管理型家长非常愿意为孩子的教育付出努力,但是到头来似乎没有见到多少成效,问题的根源常常在于方法不当。家长常常一厢情愿,用自己觉得有效的办法来教孩子。例如,觉得孩子生字掌握得不好,就每个周末都让孩子从早到晚一行一行机械地抄写,反反复复地读,浪费了很多时间,却没有收到成效。机械管理型家长的责任心是令人敬佩的,他们和千千万万望子成龙的父母一样,愿意抽出时间陪伴和帮助孩子。

（八）碎碎念型

如果有机会听听碎碎念型家长和孩子之间的交流,你就会发现好像在看相声表演,家长是逗哏,孩子是捧哏,在大部分的时间里,孩子都在随声附和,家长自己说尽兴了就放过孩子。至于说的管用不管用,有没有实际效果,家长却从来没有想过。碎碎念型家长特别健谈,但他们没有发现,之所以他们的话在孩子面前不管用,就是因为他们说得太多了。他们的孩子常常在唠叨声中被磨成了"铁耳朵",特别有忍耐力。

（九）粗暴严厉型

一脚把孩子踹倒在地,就是粗暴严厉型家长在听了班主任"告状"后的第一反应。班主任本来打算和家长交流孩子的状况,结果却变成了劝架会。老师忙着劝家长消消气,家长却忙着抱怨他有多辛苦和这个孩子多不听话,见面交流没有起到任何效果。

（十）多元复合型

多元复合型家长的特点就是没特点。心情好时讲科学民主,心情不好时唠唠叨叨,心情烦闷时就对孩子暴力相向,这种家长常令班主任捉摸不透。[①]

二、特殊学校为家长提供的服务

为了做好特殊需要学生的教育工作,特殊学校与学生家长应当携手前行,克服障碍,发掘潜力,努力实现学生健康全面发展的共同愿望。一般而言,特殊学校应当为学生家长提供以下五项服务。

（一）家访

家访是指老师到学生家中,与家长面谈,做家庭访问。家访是进行个别家庭教育指导的一种常用的有效方式,主要是解决特殊学校个别的家庭教育问题。家访从时间上划

---

① 田冰冰.轻轻松松当好班主任[M].北京:教育科学出版社,2017.

分,一般有入学前、教学中、学生离校三种类型。入学前的家访和教学中的家访,其目的是了解家庭成员的养育态度及对孩子的希望、学生的基本情况及在家中的行为表现等,增进教师与家长的接触,促进相互了解,并告知家长,学校班级的部分要求和该生在校情况。学生离校后的家访属于个案追踪,其目的是了解学生离校后的安置情况、教育后效、家庭适应及职业状况等。[①]

（二）家长咨询

家长咨询可以是家长向教师提出问题,以获得教师的解答,如与班主任的沟通或与任课教师的交流等;也可以由学校专门的人员提供给家长专业的咨询服务,如学业咨询、心理咨询、职业规划等。其目的主要有:向教师了解教育子女的方法、技能,获得正确的教养态度;向教师了解自己孩子的学习、生活状况;了解学校教育的内容、目标、计划等,以便督促、协助、修正、参与教育计划的落实;向教师表达自己对孩子的态度、情感与希望等;求得教师在方法上、心理上的支持,表达了家长对教师的信任;等等。

（三）家长培训

家长培训由学校组织家长定期或不定期举行一些专业的培训,特别是对于特殊学校的家长来说,应当至少每个月要有一次以上的培训。家长培训的主要意义是让家长能对孩子及其障碍有正确的认识与理解,纠正教育孩子中的错误观点与态度,获得有效的教育孩子的方法,矫正不良的教育形式与方法,提升家长参与学校配合的自觉性与能力,密切与教师的关系,促进家校协同。

（四）家长会

家长会可分全校家长会和班级家长会。本书的家长会是指班级定期或临时召开的家长会议,强调班主任和任课教师与家长间的双向交流,以及家长间的互相交流。举行家长会时,可以同时开展一些其他活动,如邀请有经验的家长作中心发言,学科教师介绍学业要求等。班主任组织家长会时还需留出必要的问答时间,方便家长一对一咨询。

---

① 张文京.特殊教育班级管理与建设[M].重庆:重庆大学出版社,2017.

（五）家长组织

从特殊学校的实际出发,部分学校可能成立家长组织,如家长委员会,以便团结更多的家长参与学校的管理。家长委员会由各班家长推选产生,每班级 1~2 人,其具体任务是:反映广大家长的意见;代表家长利益,参加特殊学校班级管理工作,包括监督财务和卫生保健工作,检查教室、环境、设备及各种用具的安全状况;代表家长和特殊学校经常联系,反映家长的呼声,或传达特殊学校对家长的建议与要求;发挥家长的特长,积极参与组织家长之间的交流活动等。

三、特殊学校教师与家长关系的处理

特殊学校教师与家长的关系只能是平等互助的、齐心协力的朋友关系,只有双方同心协力且方法得当,关系才会融洽,才会出现"1+1>2"的教育效果。下面介绍一些教师处理家长关系的方法或注意事项。

第一,主动与学生家长联系,谋求共同一致的教育立场。放下老师的"架子",心平气和地用商量、征询的口气向家长解释,主动协调,共同探寻解决问题的途径,共同处理好学生问题。

第二,认真听取家长的意见和建议,取得家长的支持和配合。在虚心听取家长的意见和建议时要具有判断能力和心理承受力,采纳家长对学校教育教学的合理意见和建议,同时感谢他们对学校工作的支持。

第三,尊重学生家长的人格。教师必须尊重学生家长的人格,对教育过程中出现的问题,首先要从自己身上找原因,还要客观地分析问题的症结所在,公正地评价学生的表现和家长的家庭教育工作,与家长共同研究解决问题的方法。

第四,教师与家长应建立平等的关系。教师和家长都是以教育好学生,促进学生身心全面发展为共同目标,应该建立彼此信任、相互支持的平等关系,齐心合力教育好学生。

第五,教师与家长要有良好的沟通习惯。家长对自己的孩子很了解,家长不仅熟悉他的思想品德、学习状况,而且熟悉他的性格、爱好,了解他的感想与要求。如果教师能经常和家长进行沟通,就有利于掌握学生的情况,使教育在家长的配合下做到有的放矢,达到事半功倍的效果。教师可通过家访、家长会、联系手册、电话通信、网络等多种形式,与家长互通情况,共同商讨、协调教育方法、步骤。

本章小结

本章学习了特殊学校班级管理中的人际关系,包括教师与学生、学生与学生、教师与家长之间的关系。每一种人际关系都包含有特点与类型以及改善的方法或途径。师生关系中班主任与学生的关系最为重要,班主任既是班级管理者也是学科教师,要灵活处理好角色的转换;特殊学校中生生关系是班级管理的重点,班级管理者要引导学生建立友好型关系,采取恰当、公平、合理的方法处理学生间的矛盾,营造良好的班风;教师与家长的关系处理要注意家长教育类型,根据家长教育类型采取恰当的沟通技巧,结合工作实际为家长参与班级管理提供良好的服务,如家长咨询、家长会、家访等,争取家校协同育人。

讨论与探究

1.班级管理中师生关系特点有哪些?

2.班主任与学生的关系特点有哪些? 特殊学校建立融洽师生系的途径有哪些?

3.特殊学校学生与学生之间的关系类型有哪些?

4.请结合具体情况,说明处理特殊学校学生之间矛盾的原则与方法。

5.特殊学校为家长提供的服务有哪些?

6.处理好教师与家长的关系,有哪些注意事项?

项目九　家校合作

本章旨在阐明特殊学校班级管理中家校合作的重要性,了解家校合作的目的和任务,明确特殊学校家校合作中双方的权利与义务,懂得如何贯彻特殊学校班级管理中家长工作管理的基本原则,在此基础上探索特殊学校家校合作的理想模式。家校合作共育是营造良好的班级育人环境的必要措施之一,特殊教育作为教育的一个分支在家校合作共育方面意义更为明显、更为重大。

学习目标

1.掌握特殊学校班级管理中家校合作的意义,了解家校合作的目的和任务。

2.熟悉特殊学校家校合作中家长的权利与义务,明确学校的地位和职责。

3.懂得如何贯彻家长工作管理的基本原则以及具体要求。

4.了解特殊学校家校合作的模式和策略。

5.能结合实际情况,就特殊学校家校合作的理想模式提出自己的想法。

任务一　特殊学校班级管理中家校合作的意义

在学生成长发展的过程中,我们应该把教育看作一个整体,这个整体中包含学校教育、家庭教育、社会教育等各个方面,其中学校教育和家庭教育是这个整体中的重点,学校教育和家庭教育彼此间需要有效合作、相互依存、相互作用,共同完成对孩子的教育。实践证明,家庭教育是学校教育的有机组成部分,因此,我们一定不能再单纯地认为教育就只是单一的学校教育,而是要家校合作,使其成为学生充分发展、健康成长的保障。

一、特殊学校家校合作共育的意义

班级管理者在面对特殊需要学生时,家校合作共育的意义显得更为重要。因为,家庭生活涉及面广,教育内容更为丰富,比如穿衣、吃饭、收拾家务等,都可以不同程度地锻炼孩子的感知觉、大运动以及精细动作等方面的能力,可以说家庭教育为特殊需要学生的全面发展提供了全方位的场所。而且家庭教育的终身性特点又为特殊需要学生提供了终身教育和生活的港湾。所以,家校合作既能共同分担教育和训练特殊学生的责任,又能充分发挥家庭教育的功能,还能保护家庭的完整和增强家庭内部的凝聚力。

(一)更好地促进学生全面发展和健康成长

家校合作共育的目的是使特殊需要学生能够像普通学生那样全面发展和健康成长,让他们能够充分享受来自老师和家长的关爱,让他们能够全面发展,快乐成长。由于每个家庭中父母的自身素质、经济条件等千差万别,对特殊教育的理念方法等了解不透,知之甚少,所以对于特殊需要学生在教育理念、发展目标等方面的要求也各不相同。例如,大部分听障学生的家长希望孩子能够成为口语族,坚决不让孩子学习手语,有的家长认为孩子能够同时掌握口语和手语;还有对智障或孤独症等孩子的教育,有的家长要求学校以文化知识的传授为主,不能正视孩子的障碍所带来的学习问题……由此看来,家庭教育和学校教育之间如果不能顺畅配合,不利于培养孩子良好的行为习惯,就不能配合学校完成教育任务,孩子在学校习得的知识技能在家里就得不到巩固和泛化。因此,特殊需要学生的家庭教育必须在学校教育的引导和支持下,从专业的角度客观分析每个孩子的实际情况,正确引导孩子的发展,孩子的潜能才能得到开发,才能得到更为科学的、有针对性的全面发展。

（二）有利于学校教学的顺利开展

特殊需要学生在身心方面与普通学生有着较大的差异,教师在教学过程中需要家长的帮助和支持。例如,孤独症谱系障碍学生有各种各样的问题行为,这些问题行为的形成原因很复杂,要想解决这些问题行为,教师需要向家长了解详情,以便提出有针对性的方法,家长也需要从学校了解正确的解决问题行为的方法手段,解决的过程中需要家校密切配合。个别特殊需要学生刚入学的时候,往往需要有家长陪读,才能解决某些比较棘手的问题行为,学校教学才能顺利开展。因此,家校合作共育可以促进教师和家长之间的信息交流。家校联系越密切越通畅,特殊需要学生的教育就越有时效性、针对性和统一性,孩子的潜能就能得到开发,孩子就能最大限度地发展自己。家庭成员可以说是每天朝夕相伴,父母对孩子的优势与不足了如指掌,能够帮助学校为孩子有针对性地提供家庭教育。

（三）有利于学生知识技能的巩固和泛化

学生在学校学习生活的时间是有限的,特殊需要学生由于各种障碍的存在,他们知识技能的学习和掌握困难重重,需要付出比常人更多的时间和精力,尤其在巩固和泛化方面需要专门有人督导、帮助和支持,还需要创设一些专门的有针对性的学习环境,才更有利于孩子的发展和成长。而家庭恰恰是最佳的巩固和泛化环境。孩子在家庭中生活的时间最长,家庭教育具有随机性的特点,可以体现在日常生活的方方面面。例如,亲子互动、衣食住行、娱乐休闲、人际交往、家庭成员的言行举止等日常活动中都有意无意地蕴含着各种教育机会和因素。可以说,家长的积极参与和配合,直接决定了特殊需要学生的教育和康复效果。

（四）有利于学校教育环境的优化

虽然特殊学校教育都是按照国家的教育方针办学,但面对当前特殊学校的学生程度越来越重,类型越来越多,特殊教育的方法和手段层出不穷以及各有优势和不足等现状,特殊需要学生家长往往会以个人名义或在家长委员会的牵头下,不断地向学校提出改善学校教育环境的要求,以满足特殊学生的教育需求,甚至有的家长还会向学校教师传授他们的特殊教育成果和经验。例如,很多孤独症孩子的家长在长期陪伴孩子康复训练的过程中,对孤独症孩子的教育康复理念和方法深度掌握,他们的康复理念及实操技能对学校教师帮助很大。像这样有经验的家长的积极主动参与,特殊学校的教育环境不断得到改善和优化,大大提升了特殊教育质量。

二、家校合作的目的

特殊学校家校合作的目的是提升特殊需要学生的生存技能,提高他们的生活质量,最终使特殊需要学生能够真正地融入社会,有尊严地活着。

(一)使教育目标保持一致,形成教育合力

特殊需要学生家长的个人素质以及家庭经济等各个方面情况差异比较大,对待自己特殊孩子的教育目标也有差异,家校合作可以让特殊学校向家长传授特殊教育理论和教育方法,更能够让家长和学校充分了解孩子的方方面面,激发家长对孩子的责任感。因而,家校合作能够使家庭教育和学校教育的目标达成一致,形成教育合力,最大限度地促进孩子成长与发展。

(二)提高参与教育的认识,激发教育动力

不少家长认为特殊需要学生是否接受教育无所谓,觉得特殊教育只是特殊学校的事情,把特殊需要学生交给学校就万事大吉了,还有不少的家长只顾工作,不愿意或没有时间学习和思考特殊教育方法和理念,有的家长认为反正自己的孩子是特殊儿童,再好的教育也不能让孩子成为正常儿童,因而消极对待特殊教育。如果特殊学校能够积极主动与家长沟通合作,让家长更多地参与特殊学生教育决策的过程,使家长在孩子接受教育的过程中能够拥有更多的主动权和话语权,比如在个别教学计划的制订、特殊需要学生康复技能的培训和实施、特殊需要学生的教育评估等教育事项中能够让家长有更多参与的机会,家长的教育意识会自然提高,大大激发家长的参与动机。

（三）明确家长的权利和义务，共担教育责任

2022 年我国正式实施《中华人民共和国家庭教育促进法》，家庭要承担孩子的教育责任，家庭教育不再局限于私人领域，站在党和国家层面来看，参与孩子的教育是家长应尽的义务。对于特殊需要学生而言，孩子在学校学习和生活中有哪些特殊教育需要，学校是否能够满足孩子的特殊需求等，家长有权利了解，也有义务与学校一起解决。如果家长只养不教，那将使特殊学校不堪重负，从而影响孩子的发展。例如，有的特殊需要学生家长容易把教育的主体责任推卸给学校和班级。因此，需要通过家校合作，让家长明白家校合作的目的是共育，家长和教师在孩子整个教育过程中都要承担责任和义务。

（四）全方位关心和支持家长，提供有效服务

特殊需要学生的家长，在养育孩子的过程中都经历过极其艰难的心路历程，他们的生活很不容易，他们需要来自多方位的理解、尊重、帮助、关心和支持。从特殊教育的角度来看，作为特殊教育专业人员，应该充分理解家长的需求并能够在各个方面给予更多的帮助。当家长体会到来自特殊教育学校领导和教师的关注和关爱时，家长就会不遗余力地和学校密切合作，增进教师和家长彼此之间的沟通和了解，相互协调来共同满足学生的特殊教育需要。

三、特殊学校家校合作中的权利与义务

家校合作是家庭与学校协作办学的重要内容，二者在合作的过程中，各自都既享有权利，又享有义务，二者的合作需要通过商讨研究达成互动或管理方面的共识，需要厘清各自的职责范围，才能使各自的权利和义务有效统一。

（一）家校合作中学生家长的权利和义务

家长是孩子法定的监护人，家长参与和保障自己孩子受教育的权利，既是家长应尽的义务，更是家长在行使自己的权利。

家校合作中特殊需要学生家长主要有以下权利：①有权利知道特殊学校教师的教学

内容和教学方法;②有权利知道自己的孩子在特殊学校的学习和生活状况;③有权利知道特殊学校的教育理念、教育计划以及对国家特殊教育政策法规的执行情况;④有权利采取相应的措施,保护孩子的受教育权利。

家校合作中特殊需要学生家长主要有以下义务:①保障孩子的教育机会均等和享有合适的特殊教育安置模式;②为特殊学校全面提供孩子的真实资料;③为孩子创设专业的家庭教育环境,协助教师完成教育与康复任务;④与特殊学校合作并支持特殊学校的各方面工作,从而满足孩子的特殊教育需要。

（二）家校合作中学校的地位和职责

苏联著名教育家马卡连柯曾说过"学校应当领导家庭",这是对家校合作关系正确而客观的描述。[①] 这充分说明了家校合作中学校的"主导"地位和作用。

一是提供专业的指导。特殊学校是从事特殊教育的专门机构,拥有多个专业方向的特殊教育专业工作者,能按特殊教育规律对特殊需要学生进行专业的教育引导和康复训练。这些特殊教育专业工作者懂得特殊需要学生的身心发展特点和特殊教育规律,掌握科学的特殊教育方法,能够引导和组织家长参与其孩子的各种教育活动,给家长提供各种参与机会,能够为家长提供专业的教育指导。

二是承担育人的主体职责。特殊学校在履行基本的教育教学职责及学校管理活动过程中,教师作为掌握特殊教育规律,了解各类特殊学生的学习特点和学习情况的主体,承担着主要的教育责任。在家校合作中,家长和教师的地位和职责是不能本末倒置的,要各自明白并干好自己的分内之事,否则就违背了特殊教育的本质属性。

三是健全家校合作组织和机制。在家校合作过程中,特殊学校要积极开展家访、家长会、家长培训等活动,成立家委会等组织,制定家校合作的规章与制度,让健全的组织机制和制度成为家校合作的基本保障。

---

① 　张作岭,宋立华.班级管理［M］.3 版.北京:清华大学出版社,2019.

任务二　特殊学校班级管理中家长工作管理的原则

在特殊学校管理中,除了一些大型的家校活动外,家校合作育人的日常工作一般由班主任承担。此时,班主任是家长与学校间的协调人,发挥桥梁作用,是家校合作的专业引领者。

一、特殊学校班级管理中家长工作管理的基本原则

特殊学校和家庭是特殊需要学生成长过程中的两个主要场所,学生的全面发展离不开特殊学校与家庭成员的共同努力。家长是特殊学校教师了解学生最佳的、最重要的渠道,因此,特殊学校班主任在管理家长工作时应遵循以下基本原则。

(一)理解与尊重的原则

特殊学校教师要站在家长的角度看待问题,并积极主动想办法帮助他们解决问题,才是真正做到了理解与尊重。特殊需要学生的家长,因为孩子的残障问题经历了身心的多重折磨和痛苦,当他们不得已而勉强接受了孩子的与众不同之后,心理上特别渴望得到别人的理解、尊重和支持。他们往往对特殊教育寄予很高的期望,因此,难免会因为期望与现实之间差异太大而产生一些过激的言行,从而影响家校合作和班级管理。如一位唐氏综合征孩子的妈妈,由于不懂特殊教育而觉得孩子所在特殊学校教学质量不高而多次与特殊学校教师吵闹,多次提出更换学校的要求,甚至还向相关部门投诉特殊学校。面对这种情况,教师就要走近家长,通过与家长真诚沟通交流,了解家长的顾虑、困惑、心声和需求,促使他们能够敞开心扉向老师畅谈对班级管理与教学的意见和建议,同时也帮助他们了解特殊教育与家校合作对孩子发展的重要性,特殊学校教师要以包容和理解的心态让家长感受到尊重,让家长看到希望。

尊重特殊需要学生家长是做好家长管理工作的前提。特殊需要学生家长对特殊学校教师的态度比较敏感,都怕自己的孩子受歧视,更怕教师看不起自己。因此,特殊学校教师对不同社会地位、不同职业、不同经济条件的家长要一视同仁,切忌嫌贫爱富、亲疏有别,要给予他们同样的尊重。不管孩子或家庭情况多么特殊,教师对他们都不能有任何偏见,要真诚地接纳他们。另外,教师还要"尊重"家长的想法,给予家长表达自己想法的机会。因为每个人看问题的角度不同,所以,教师不要随意评价家长,要能够放低姿态,学会倾听家长的想法或诉求。当然,这并不是要求教师必须接受家长的所有意见或想法,教师要把握好自己表达意见的机会和权利,注意表达的方式,和家长在教育孩子的问题上一定要达成共识。

（二）科学性原则

特殊学校家长工作管理一定要遵循科学性原则。特殊需要学生家长在家庭经济、个人素质以及职业背景等方面存在差异,大多数特殊学生家长对特殊教育理念、知识等都不甚了解,不懂得家庭教育中应该如何进行特殊教育。因此,特殊教育学校在家长工作管理中,应努力普及特殊教育的相关理念和知识。在管理家长方面不能采取一刀切的管理方式,要充分考虑特殊儿童家长自身的文化素养、职业状况以及家庭经济情况等多方面因素,在此基础上进行适度要求,科学规划,才能真正达到合作共育的目的。

尽量缩小家校在特殊教育目标、方法和要求等方面的差距。特殊学校在教育工作中需要帮助家长了解特殊教育,要帮助家长了解家校合作的重要性,才能使家庭教育与学校教育的目标达成一致,家长才能更有效地履行自己在特殊教育中的职责,促进特殊需要学生的全面发展。对于各方面条件都比较差的家长,特殊学校对家长提出的要求要适度,要切合家长的实际能力以及家庭物力财力等实际情况,体谅家长的困难,想办法在家庭教育方面给予更多的知识技能的支持与帮助,才更有利于合作共育。

特殊学校在开展家长工作时,既要告知孩子在学校接受特殊教育的情况,也要积极获取来自家庭中的特殊教育信息。这样的双向反馈,方便家校认真分析孩子的特殊教育效果以及存在的问题,能使特殊学校教育与家庭教育相互促进,更好地服务特殊儿童成长。家长是特殊教育教师了解特殊需要学生的主要途径和最佳渠道。特殊学校管理人员应有正确的家长观,要相信每个家长的责任心。特殊学校要对家长进行科学的指导,激发每个家长的教育潜力,才能使学校教育与家庭教育相互促进、互为补充,共同提高。

（三）针对性原则

由于特殊需要学生家长自身文化素养及经济情况等各方面存在较大差异,他们对待孩子的教育态度也存在差异,一般分为积极和消极两种心态,这两种心态对家校合作以及特殊孩子的成长发展有质的影响。持积极心态的家长基本能够根据孩子的情况,努力配合学校教育对孩子进行相应的教育康复训练;持消极心态的家长却总是消极看待特殊教育,对孩子基本不抱任何希望,总是忽视特殊教育的意义。因此,特殊学校家长工作管理一定要具有针对性。根据具体情况,学校要对家长进行心理指导和疏导,使他们能够正确看待特殊需要学生和特殊教育,并且能够正视残障问题,摆脱痛苦与自卑心理,与学校密切配合,共同促进孩子的教育与训练。

对于不同类型、不同程度的特殊需要学生,班级管理者要针对他们的身心发展特点与家长进行针对性的沟通,让家长不再盲目相信或尝试各种不科学的治疗方法,避免对学生造成更大的伤害和损失,为及时开展特殊教育奠定了基础。另外,教师要成为特殊需要学生家长之间的桥梁,尤其是同类型障碍学生的家长之间,如果加强联系和沟通,会有助于家长之间在教育理念和方法等各方面相互启发和借鉴,从而使特殊教育更具有针对性。比如,那些残障孩子教育成功的事例,可以使家长相互鼓励和借鉴,帮助家长重拾生活的信心,有利于家校合作共育,使更多的残障孩子能够很好地融入社会。

（四）坚持性原则

在特殊教育过程中,急功近利、急于求成是很多家长特有的心态,也会由此与教师发生矛盾冲突。对于家长的这些问题,学校要坚定不移地贯彻坚持性原则,要科学地、循循善诱地、发自内心地包容和引导家长学会自我调整,让家长知道特殊教育是特别慢的艺术,需要我们的耐心和坚持。特殊教育教师作为家长的指导者,需要按家长的需求在实践中制订出长远的合作计划,并持之以恒地将合作坚持下去,促进学生的全面发展。

从特殊教育的发展过程来看,一直以来,特殊教育只是重点关注特殊需要学生的教育与康复,却忽略了对其家长的引导和教育管理。现代特殊教育观告诉我们,特殊教育事业的发展离不开家长的主动参与和持续支持,只有调动家长的力量,将家长视为学生成长发展不可或缺的重要因素,才能使特殊教育良性发展。

二、特殊学校家长工作管理的具体要求

与普通学生一样,特殊需要学生也需要全面发展,特殊学校教师或班主任要指导家长从德智体美劳等多方面对孩子实施全面教育。

(一)要将家长工作管理纳入班级日常管理

学校的重点工作是教书育人,特殊学校也不例外。在班级的日常教育教学工作中,尽量考虑营造良好的家校合作氛围。从宏观上讲,要与家长协商一致地全面贯彻党的教育方针,使特殊需要学生能够全面发展;从微观上讲,教师只有通过家长才能够了解掌握学生的具体情况,从而因材施教。

国家发展特殊教育的方针政策、特殊教育理念、方法的普及需要首先对家长贯彻,家长才能及早形成正确的特殊教育观和特殊需要学生观,才能做到科学育儿。另外,也方便学生在学校习得的知识技能在家中得到及时的巩固和泛化。所以将家长工作管理纳入特殊学校班级教学日常管理是特殊学校家长工作管理的基本要求。

(二)要有计划地进行家访

要想特殊需要学生能够掌握生活技能,真正融入社会,需要家长与学校的密切配合,尤其需要学生家长与教师的相互信任和真诚合作才能有效完成。有计划地进行家访是特殊学校教师或班主任的主要工作,家访是家校合作的基本形式,是特殊教育过程中不可缺少的重要环节。有计划的家访可以说是有效的、成功的家访,能使教师与家长在教育理念、方法等方面达成共识。有效的、成功的家访其实是对孩子教学情况和学习特点等方面的研讨活动,可以增强教师和家长教育的信心和决心,是提升教学质量的基础。特殊学校教师或班主任的家访,可以定期进行,也可在遇到问题时及时进行。每次家访都必须是目标明确的,所以每次家访都应该提前做好计划,制订详细的、明确的、合理的、有针对性的家访内容,并且对每次家访内容都要及时做详尽的记录。教师和家长一定要知道,教育教学的改进是在积累丰富材料的基础上进行的。

（三）要公正对待每位家长

要想让家长与学校真诚合作，教师首先要能够做到敞开心扉主动营造一种积极、友好的人际环境，这是家长工作管理的基础。教师要知道自己与家长的关系是平等的，教师要时刻保持谦逊的态度，不论家庭经济情况好坏，也不论家长文化素养和地位的高低，更不论特殊需要学生障碍程度的严重性等等，教师都要一视同仁、公正公平地对待每一位家长。教师必须知道公正和平等是做人应该坚守的基本道德准则。特殊需要学生的家长，特别希望能得到教师公正的对待。因此，特殊学校班级管理人员应该重点关注并追求与家长之间公正平等、相互尊重的和谐关系的建立，这样更能做到对家长的有效管理。

任务三　特殊学校家校合作的理想模式

家校共育的有效性是建立在学校、家庭共同参与孩子教育的基础上，家长要参与到学校管理的改革中来，才能真正实现有效沟通和互动。随着教育科技的不断发展，家校合作模式也在不断发展。

一、特殊学校家校合作的模式

模式是解决某一类问题的方法论，强调的是形式上的规律。当前，家校合作的模式主要分为"以校为本"和"以家为本"两种模式。[①] 例如，特殊学校的送教上门可视为"以家为本"的家校合作模式，而班级管理可视为"以校为本"的家校合作模式。下面从学校层面和班级管理角度，介绍家校合作的常见模式与理想模式。

---

① 张作岭，宋立华.班级管理［M］.3 版.北京:清华大学出版社,2019.

（一）家校合作的常见模式

从班级管理者的角度而言，家访、家长会、与家长信息联系等都是非常有效的家校合作模式。

1.家访模式

家访是常见的、传统的家校合作模式，是学校和家长联系的主要途径。家访可以是定期的，可以是根据特殊需要学生突发的或具体的有针对性的家访，也可以是根据国家相关特殊教育的发展情况进行随机的、不定期的家访。每次家访，教师都要做好过程记录，并让家长签字，家访的目的是切实针对问题，寻找解决问题的办法，或者针对新的发展理念、方法以及技能等的运用，在家校之间达成共识，共同促进学生更好地发展。

2.家长会模式

家长会是邀请家长进校并以会议形式进校的、参与学生教育的一种家校合作模式。家长会不管每学期举行几次，都要提前做好计划，有章可循。家长会上，一般会由学校领导或班主任首先介绍班级及特殊学生的各方面现状，然后要求家长要积极参与，并按时听取家长意见，做好记录，最后共同对学生及班级管理等相关问题进行分析研判，找到问题解决的切入点或手段。

3.家校信息联系模式

上面的两种模式是面对面形式，随着社会与科技的发展，逐渐形成了家校联系卡、电话、短信、网络等家校合作模式。例如，培智学校低段班级的家校联系卡包括吃饭、如厕、穿衣等项目。家校信息联系模式能及时将特殊学生的学习与训练、思想品德、身体状况、作息时间等信息报告给家长，同时也能了解到学生在家里的相关表现情况。为了信息沟通的及时性，学校与家庭应就合作相关问题，比如信息的交互等，提前进行约定，方便双方及时地、定期地查看或回复信息，家长应主动了解教师或学校发布的各种电子信息，方便形成有效沟通。

（二）家校合作的理想模式

随着《中华人民共和国家庭教育促进法》的实施，中小学校、幼儿园会将家庭教育指导服务纳入工作计划，家校合作将会越来越凸显其重要性。作为班级管理者应当紧跟时代，基于特殊需要学生的特点与情况,不断拓宽家校合作思路,积极探索家校合作的理想模式,以便更好地满足家长教育孩子的需求。

1.以"家庭为主导"的合作模式

传统的家校合作模式中,一般都是"学校领导家庭"或者说"学校在家校合作中一般都起着主导作用",这就是"学校为主导"的合作模式。合作过程中是学校在吸纳并组织家长参与自己孩子的教育教学活动,是学校给家长提供参与的机会,是学校在对家庭教育进行指导。学校在家校合作中占据主导地位的依据是学校是从事教育教学工作的专门机构,而家庭教育起着支持、辅助学校教育的作用,是从属地位。

而以"家庭为主导"的合作模式与以"学校为主导"的合作模式在理念方面正好相反,它是指在家校合作中以家庭为中心或以家为本。众所周知,特殊需要学生的家庭情况呈现广泛性、复杂性和多样性的特点。在这样的家庭背景下,每个家庭需要的教育支持和层次也不同,或者说在家校合作的过程,家庭能够给予学校的支持和辅助也不同。因此,学校要考虑家校合作的模式和层次,依据每个家庭的特殊需要而定,要"因家而异"。学校要站在"每一个家庭"的角度,开展"以家庭为主导"的家校合作模式探索。这种合作模式的前提是需要学校真正成为家庭教育指导者和支持者的角色,需要构建好完善合理的家校联系网络,需要做好合作计划并通过建章立制来强化管理。

班级管理者应当充分利用家校联系网络,能真正从"家庭"本位出发,了解"家庭"的特性,认识到家庭教育的复杂性与多样性,以便采取恰当合理的措施,促进家校合作的有效性。

2."互联网+"模式

随着网络科技的高速发展,加之教师与家长的素质不断提高,家校合作也突破了时空限制,出现了以下三种"互联网+"模式。

1)"互联网+短视频小课堂学习"模式

特殊需要学生的教育训练是比较复杂的,是一个需要不断学习新技能的过程,特殊教育的理念、方法和技能处于不断更新中,为了达到及时传递信息的目的,这就需要教师有计划、有针对性地指导家长学习新的特殊教育理念、技能和方法,教师可以考虑将相关教学信息内容事先录制好,然后利用互联网的便捷优势及时传递信息内容给家长。家长也可以将自己的所想所悟通过录制短视频的形式,及时传递给教师,共同助力特殊孩子的成长进步。

2)"互联网+主题或论坛"模式

这种家校合作模式就是学校确定需要合作研讨或解决的问题内容,确定诸如"家庭主题沙龙或论坛、特殊教育主题沙龙或论坛"等内容或形式,利用互联网的桥梁作用,听取彼此的教育训练意见建议,或探寻下一阶段教育训练内容方法等,使学校对家庭的教育指导更切实际、更具操作性。这种合作模式更有针对性,教育切合点更准确,使家校能够深入交流,从而形成教育合力,使特殊教育更为科学合理。

3)"互联网+网上家长学校"模式

学校和家长都可利用"网上家长学校"开展关于家校合作、特殊需要学生家庭教育、心理健康等方面的讲座或研讨活动,通过这种模式的合作可以丰富知识,开阔视野,共同提高。这种合作模式打破了教育资源、地域和时空等限制,学校或家庭双方都可以邀请相关高校的专家学者和一线的特殊教育工作者参与这种模式,助力教师和家长成长;可以针对盲校、聋校、培智学校、孤独症康复机构等不同类型学校的学生和家庭设计内容,也可以考虑为不同学段的特殊学生家长和教师设计专门的内容,打造针对性的、常态化的、专业化的系列课程;还可以通过网络视频、同步直播的形式让更多的人参与进来,这样可以听取家校合作共育的不同声音,汲取更多更好的经验,也能从参与者的交流中听到各种评价,方便不断改进。

二、特殊学校家校合作的策略

家校合作是成人之间的合作,有效的家校合作需要教师和家长在教育观念、教育方法等方面能够合作。所以,班级管理者在家校合作中需要采取一定的策略方可顺利进行。

(一)合理拓展家校合作思路

要想丰富家校之间的合作性互动活动,需要积极主动地合理拓展家校合作思路。所谓的合理拓展是指应该以特殊需要学生自身的实际情况为出发点,结合学校各个方面的情况,在国家方针政策的指引下进行拓展。比如,在家校合作的过程中,除了必要的联系与沟通之外,还可以根据不同类型、不同程度特殊需要学生的实际需求,设计并开展丰富多彩的、多样化的亲子活动,在增进感情的同时,也为特殊教育教学工作提供了方便。学校要针对特殊教育情况,全面合理搭建亲子教育平台和家校互动平台,积极拓展家校合作思路,提升家长对特殊孩子教育的责任感,为家校合作模式的开发奠定基础和提供保障,提高家校合作模式开展的有效性。

（二）及时更新家校合作理念

特殊需要学生家长在生活环境、职业类型、受教育程度以及价值观等方面存在较大差异,特殊需要学生的程度和类型也各不相同,这些因素导致每个家庭的特殊教育理念不同,从而使特殊教育教学效果参差不齐并同时面临很多困境。因此,特殊学校教师要经常反思特殊教育现状,及时更新家校合作理念。比如,教师要正视特殊需要学生家庭的多样性和复杂性,充分认识到家庭教育的指导应该在尊重教育规律的基础上进行,要引导家庭找到自己的优势,引导家长看到孩子发展的空间和可能。学校要不断探索家长的学习特点和规律,有计划地为不同阶层的家长量身定制家校合作的课程和活动,指导他们参与陪伴孩子的学习和训练,指导家长做教师的好助手。

（三）制定家校合作的保障机制

"没有规矩,不成方圆",制定出台家校合作的保障机制是家校有效合作的前提和基础。从特殊学校层面来看,需要制定家校合作标准,并以此为依据对合作过程、合作模式及合作结果等进行评估,有利于提升合作的效度和信度。制定家校合作标准,首先要符合我国颁布的关于特殊教育发展改革的相关政策、方针、文件等要求,其次要结合特殊教育学校的实际情况,这样有利于发现家校合作过程中存在的问题,并及时作出相应的调整。

另外,特殊教育学校还要制定相应的评价体系。合理的评价体系能使家校的责任更为明确,家校合作的可操作性更强。家校合作评价体系包含家校沟通情况、学生自身情况、学生学习状况、教育教学现状、家长参与程度等多个维度。还可以将各维度的内容针对特殊需要学生的类型和程度进行细化,在此基础上构建可以量化的评价表,对当前家校合作的现状进行测评,从测评结果即可知道是否符合家校合作标准。

本章小结

本章主要学习了特殊教育家校合作的意义、特殊学校家长工作管理的原则和具体要求以及家校合作理想模式的构建。家校合作的意义是后面两个内容体系的统领,家校合作理想模式的构建才是本章的最终目标。特殊学校家校合作理想模式的构建是建立在对特殊教育意义理解的基础上的,更是以新时代发展为背景的,要想构建理想的家校合作模式,就要时刻关注国内外特殊教育的发展变化趋势以及国际国内社会大发展的现状和趋势。只有从学生的实际出发、从家长的实际需求出发,才能形成有效的特殊教育家校合作,真正提升特殊教育质量。

讨论与探究

1.特殊学校家校合作共育的意义是什么?

2.特殊学校家校合作中家长的权利与义务是什么? 学校的地位和职责是什么?

3.特殊学校家长工作管理的原则和具体要求有哪些?

4.请举例说明特殊教育家校合作的理想模式。

5.特殊学校家校合作的策略有哪些?

项目十　特殊学校班级环境与资源的管理

本章重点介绍班级环境、班级资源和班级资料的管理。班级环境是影响学生成长的重要环境，分为物理环境和社会心理环境。针对特殊需要学生的障碍情况，教师要充分利用班级环境中的各类资源，对学生进行教育，管理好班级环境，促进其德智体美劳全面发展。在班级管理过程中会产生各种各样的资料，这些资料既是过程性资料，也是班级建设的重要成果，针对特殊需要学生个体的辅导资料和管理资料，富有教育科研价值，班级管理者应当全面准确记录。对班级资料的管理要定期分类整理，保持连续性，做好保密性，尽量数字化，以便充分利用资料。

学习目标

1.了解班级环境的含义和分类，掌握班级环境的结构因素，明确班级环境管理的原则。

2.了解班级资源的含义和分类，熟悉班级资源的作用，掌握班级资源管理的原则。

3.能结合特殊学校班级中具体的某类资源，说明其管理措施和方法。

4.了解班级资料的含义，掌握特殊学校班级资料的分类，明确班级资料管理的原则和方法。

任务一　特殊学校班级环境的管理

《教育大辞典》把"环境"解释为直接或间接影响个体形成与发展的全部外在因素，包括先天环境和后天环境。中小学生因其年龄小，心理尚不成熟，思维独立性较弱，不具备像成人那样对环境的辨别能力，因此受环境的影响更大。可以说，班级环境是影响特殊需要学生发展的非常重要的后天环境因素。

一、班级环境的含义与分类

班级环境是指影响班级成员发展的外部因素的总称。班级环境与教学环境、教室环境、课堂环境，既有联系又有区别，教学环境是以教学为中心而言的外部因素，它包含班级环境；教室环境仅指影响学生与教师教学的物理因素，不包括心理因素；课堂环境则更多地指向心理因素；班级环境是以班级成员为中心而言的，既包括物理因素又包括心理因素，比课堂环境作用时间更长，更深刻。

班级环境根据不同的划分标准有不同的分类。从环境的存在形态来看，班级环境可以分为有形环境与无形环境，动态环境与静态环境；从宏观的环境构成来看，班级环境可以分为物理环境和社会心理环境两大类。[①]　本书的特殊学校班级环境采用物理环境和社会心理环境分类法。

班级物理环境主要包括自然环境，如光线、颜色、温度等；设施环境，如教学场所、设备、设施等；时空环境，如班级规模、座位编排方式、作息时间等。物理环境是班级环境中有形的、静态的环境。班级社会心理环境主要包括人际环境，如师生关系、同伴关系等；组织环境，如班风、舆论等；情感环境，如教师的期望和态度、学生的向师性、学生间的友

---

① 田友谊.中小学班级环境与学生创造力培养研究[D].武汉：华中师范大学，2004.

谊等。社会心理环境是班级环境中无形的、动态的环境。

二、班级环境的结构

下面从物理环境和社会心理环境两个方面来谈班级环境的构成。

（一）班级物理环境

班级物理环境是班级教育教学活动赖以进行的物质基础,简称教室环境。良好的班级物理环境能为班级成员提供充足、完善的物质条件和丰富的环境刺激,激发其兴趣和热情,满足特殊需要学生的发展需求。根据物质因素的特点和功能,班级物理环境可细分为以下三种环境因素。

1.班级自然环境

班级自然环境主要是指影响学生发展的自然条件。班级自然环境的质量与学校所处的自然地理位置和气候条件直接相关。面对班级自然环境,班级管理者不能仅仅是被动接受,还需要发挥主观能动性,积极创造良好的育人环境。如楼层的安排,要考虑学生的行动特点,一年级或学前班要安排在一楼,且尽量靠近卫生间;要考虑教室内的色调、照明、温度、造型设计、噪声控制等,尽量构建富有亲和力的环境。班级主题墙和作品展示墙可以根据学校的规定有序呈现,让学生以视觉、触觉、听觉刺激进一步感知,扩大认知经验。家校联系栏是班级教师与家长之间的纽带,可张贴本周工作重点、通知、育儿美文等进行交流与分享。

2.班级设施环境

班级设施环境是由教学场所和教学用具等物质因素构成的。班级设施环境是班级物理环境最核心的部分,教学设施是否完善、良好,关系到教育教学活动能否顺利开展。班级设施设备主要指教学活动所必需的一些基本用具,主要有桌椅、图书资料、教学设备等。班级中各类物品应当有准确具体的位置,摆放整齐,方便师生使用。班级管理者要遵循安全性、系统化原则对物品依类别归整。

在部分特殊学校的班级,或学前康复班,还会有卫生间和盥洗室。班级管理者应当根据学生年龄特点，从学生的客观需求角度出发，做好环境布置。例如，怎样脱裤子、穿裤子等方法步骤，上完厕所记得冲水、讲卫生、小手洗干净等一些规则要求，可用形象的图片来引导学生。

3.时空环境

班级时空环境是由时间和空间两大因素构成的。班级的各项活动都是在一定的空间中进行的，不同的空间组织形式和空间密度会对师生产生不同的影响。班级规模和座位编排方式是与班级空间关系密切的两个环境因素。虽然特殊学校班级的规模不大，人数不太多，但是班级管理者要综合考虑学生身高、视力、性格、性别等因素，师生、生生之间的人际交往与互动等，尽量尊重学生，以有利于学生的全面发展为目标来安排学生的座位。例如，聋校，座位安排要方便学生看到发言人的口型与手语，定期轮换保护学生的视力；盲校，则要对学生的座位固定设置，以便学生掌握定向行走；培智学校，座位安排形式多样，可以是秧田式、圆圈型、几字型、半圆型等，根据授课内容而定，主要是方便教师分发教具，学生小组合作，以及陪读人员的照顾。

特殊学校的作息安排或变化，应当提前向学生告知，如新生或代课教师的加入，原班学生的离开等变化，以便学生有时间来适应环境的改变。若个别学生情绪失控则需要立即更换空间，让学生的失控情绪得到缓解。在学前康复班或培智学校的班级，需要根据班级学生的发展需要，合理规划教室空间，设置个别化学习区、小组学习区、团体学习区、兴趣活动区等多元教室空间。

（二）班级社会心理环境

班级社会心理环境主要包括人际环境、组织环境、情感环境。人际关系在第八章已经详细介绍，组织环境在第六章已经详细介绍，情感环境在第二章已经详细介绍，在此不再赘述。

三、班级环境管理的原则

根据特殊需要学生的障碍情况，布置、美化、净化教室环境是班主任工作的重要内容,如何选择、组合、控制、改善环境的各种要素,需要班主任深入思考。班级环境管理应当遵循以下五条原则,达到整洁、整齐、美观的基本要求。

（一）教育性原则

对班级环境的管理必须体现学校的教育目标,考虑教育意义,唤起学生的学习兴趣,激发学生的学习动机,体现师生对班级的热爱之情。环境的教育性需要以思想性强、启迪性强、激励性强为出发点。如培智学校低段班级划分的社交功能区。班级管理者要明确环境教育性的德育渗透作用,用残障人士的自强故事激励学生,可张贴标语、名人画像等文字或图画;让教室始终保持整洁卫生,本身就体现着一个班级的精神风貌,对学生行为举止有潜移默化的影响。

（二）科学性原则

环境管理应该遵循生理学、心理学、教育学、卫生学、社会学、美学等学科的基本原理,符合学生身心发展的规律和特点,通过科学合理地优化,达到环境育人的功能。防止分散特殊需要学生听课的注意力,如教室内不能布置过多的装饰物,特别是一些玩具或奖励物应当放入学生视线看不到的地方。要注意物品和设施的安全性,如悬挂物应牢固,不将盆花等放置在课桌上或黑板周围,避免掉落伤人,尽量消除安全隐患;盲校班级物品要简洁,尽量减少障碍物,且物品的位置要固定设置,方便盲生掌握定向行走。要根据学生学习的需要,购置辅助教学物品,如地图、塑料类生活物品等。要考虑不同颜色会产生不同的心理效应,如人多教室小,用冷色调显得宽敞;人少教室大,用暖色调缩小空间;在盲校要考虑低视力学生,在培智学校要考虑孤独症学生,对颜色的特殊要求。

（三）实用性原则

班级环境管理应根据班级的实际情况量力而行,本着经济、实用的宗旨,以有效为原则,防止各种形式主义的东西。良好班级环境并不意味着刻意追求豪华,而是为了更好地为特殊需要学生的发展服务。班级环境的创设应该把握一个适宜度,超出这个适宜度,不仅会造成浪费,而且会适得其反,不利于学生的健康发展。在中学段的班级环境,要考虑专业特色;在一些有特色的学校,班级环境要考虑地域特色。班级环境的实用性还应当考虑学生的主体性,保留一块可供学生自由挥洒的角落,如涂鸦区、交流区等。

（四）丰富性原则

班级环境要从整体上考虑,以一定的主题来设计,运用多种刺激方式,特别是非语言方式传递的信息,为学生提供丰富的认知背景。班级环境的丰富性是一个持续动态的过程,不是一次完成的,是定期变化的。丰富的信息刺激、快乐的情绪体验,有助于学生多种感觉的协同运作、左右脑的同时开发和创造力的培养和发展。可以发挥学生的主体作用,张贴学生的作品、活动照片等,让学生动手动脑,美化班级环境。如开辟"班级明星榜""学习栏""阅读栏""名人格言栏""优秀作品栏"等,让学生自己去装扮这些栏目。

（五）美观性原则

美观性是指班级环境风格鲜明、装饰得体、整洁有序、美观大方。班级环境管理要遵循学生的审美情趣,在颜色搭配和造型设计上考虑各学段学生的年龄特点,布置美观大方的教室环境。内容繁杂,眼花缭乱的布置,既不简洁、节约,又分散注意力,要避免这种布置。如窗台上摆放绿植,让绿色进入教室,体验生命的成长过程。

任务二　特殊学校班级资源的管理

资源是人类可以开发利用的客观存在,是指物力、财力、人力等各种物质要素的总称。学校是育人的场所,学校中的一切设施都是重要的教育资源。本节重点说明学校环境中可以直接用于班级管理与教育教学的各类资源。

一、班级资源的含义与分类

凡是与班级管理和教育教学相关,对班级管理和教育教学起作用的所有事物均可称为班级资源,包括物质的或精神的、有形的或无形的、校内的或校外的等。① 因此,资源强调"利用"和"运用",与环境相比较,更凸显管理者的主观能动性,一切可以服务于管理、支持教学过程的各种事物都叫资源。

特殊学校班级资源有其特殊性,如在人力资源上比普通学校班级需要更多的教师参与;特殊的教具或教学用品,如聋生的助听器、人工耳蜗、音响设备等,盲生的盲文课本、语音电脑系统、放大镜等,培智学校的直观教具等,以及学生的个别化教育计划(IEP)资料等。②

班级资源按涉及的人与物的关系可分为人力资源和非人力资源。人力资源是指班级管理中与人有关的资源,如全体学生、班委、学习小组等各种形式的组织。非人力资源是指班级中的学习场所、学习媒体等。班级资源按表现形态可划分为硬件资源和软件资源。硬件资源是指班级中物化的东西,如桌椅、黑板、书本等。软件资源则是指班级制度、班级文化氛围等。

本书采用狭义的资源概念,主要指非人力资源。班级资源主要指教室资源和信息资源。教室是开展班级管理活动的主要场所。教室资源主要包括基础设施、清洁卫生设备、文献资料、教具学具、日常生活用品、现代教育技术、特殊用品等。信息资源是指班级成员在教育教学或管理过程中产生的以及可利用的各类信息资源,包括学生的基本信息、师生互动的信息、特殊教育专业评估与测量的信息、班级活动设计与总结、微信群与钉钉群等。

二、班级资源的作用

特殊学校班级资源是教育教学顺利进行的保障,是班级管理的一项重要内容,班级成员对资源的利用情况会对班级管理产生良好的推动作用。

(一)班级资源是班级管理的物质基础

班级资源是班级成员间进行互动的媒介,需要利用这些资源完成育人活动。如果缺

---

① 张文京.特殊教育班级管理与建设[M].重庆:重庆大学出版社,2017.

② 张文京.特殊教育班级管理与建设[M].重庆:重庆大学出版社,2017.

少必要的资源,特殊需要学生的全面成长就会成为空谈,班主任工作也难以开展,再好的班级活动也无法实施。

（二）班级资源是班级实践活动的有机构成

班级成员是班级活动的主体,德育内容、行为习惯、科学文化知识等是班级活动的客体,主客体互动性实践活动会产生有价值的资源,如学生的作品、学生的反馈信息、自制的教学用品、优秀的班级管理案例、学生成长故事、学业成绩信息或行为评估信息等。班级成员还可以利用网络平台促进交流,弥补因时间和空间障碍带来的问题,提高工作效率。

（三）班级资源促进差异教学

在特殊学校班级中,学生个体差异很大,要满足所有学生的需求比较困难。班主任制订班级管理目标以及教师制订教学目标时,都会考虑班级现有资源的支持或者是否可以开发利用有关资源,否则无法实现这些目标。再加上经常对特殊需要学生进行教育诊断和评估、康复和训练,需要充分考虑班级资源的利用,才能制订出较为科学的个别教育计划。

（四）班级资源帮助教师专业成长

特殊学校班级管理与教学活动是教师专业成长最佳的实践阵地,在解决问题的过程中,不仅能丰富实践经验,还能检验或创新特殊教育理论。尽管工作任务繁重,但要用好网络信息资源,学习并实践相关专业知识,积极与同行或专家交流班级管理经验。在提高自身能力水平的基础上把班级管理做得更好。

三、班级资源管理的原则

资源管理是班级工作的重要内容,同时也是班级教学活动顺利开展的重要保证。如何使班级资源得到最合理、最有效、最充分、最及时的利用,在进行管理时应坚持以下四条原则。

（一）资源利用应有效

教室资源的配备要坚持适用有效的原则,要充分了解班级的实际情况以及活动需要,使资源物尽其用,提供最有效的帮助。一些大而无用、贵而不当、不利于教学活动的资源不予配备。要先解决急需必备的资源,后解决可稍缓一步的资源,以保证正常的活动顺利进行。信息资源的利用要坚持有用原则,必须与教育教学活动密切相关,必须有帮助才利用。

（二）资源收集应有计划

信息资源的收集需要一个过程,班级管理者要随时注意收集信息,根据班级工作计划,有的放矢,归类整理,这样才能到时候用得上,用得出彩。同时注意保证信息资源的全面准确,防止以偏概全。教室资源可能会在班级实践活动中产生新的需求,除班级成员自制外,还需要学校购置,教师应预先做出申报计划,提出资源名称、种类及购入渠道等。若是教师自己开发资源,则应根据特殊需要学生的行为特点,充分利用信息技术设备,制作一些简单实用的教具学具。

（三）资源管理必须严格

为了充分发挥资源的效能,减少资源的破坏,需要对班级资源严格管理。教室资源可由专人负责,登记上册,分类保管,制定相关的规章制度,如借出归还手续、损坏赔偿等。信息资源要保证安全性和保密性,防止病毒的破坏或个人信息的泄漏。

（四）资源利用要充分

教室资源一旦配备就应该充分使用,充分发挥作用,物尽其用,防止资源闲置。信息资源的充分利用体现在校内各个班级的共享。如某班配备的图书、音像资料等,其他班级也可以使用。班级成员开展活动时,应优先考虑已有的资源,使资源尽可能得到充分的利用。

四、班级资源的管理措施

班级资源的管理目的是为更好地利用,使其价值发挥最大。班级管理者除了应遵循上述原则外,还应该了解每类资源的管理方法与措施。

（一）基础设施

基础设施资源包括黑板、课桌椅、书柜、照明与通风设备、教学用品等,它是班级活动最基本的保证。管理时首先应保证环保指标是否合乎标准,以免给师生造成身体伤害;其次应保证清洁卫生,制订值日制度;再次,教育学生爱惜公物,不乱砸乱碰,不乱写乱画,若有缺损要及时报修;最后,对主要设备应作登记,有意损坏应按有关规定处理。

（二）卫生用品

特殊学校各班级必须配备充分的清洁卫生设备,包括抹布、拖把、扫把、盆、桶以及洗涤用品。对于特殊需要学生来说,清洁卫生不仅是保持班级整洁,而且还是培养其生活自理能力及家务技能的重要途径,是教学活动的重要组成部分。可以开辟卫生角,将清洁用品分类、整齐摆放,指定专人负责保管。另外,还需要准备一些常备药品、体温计、消毒液、口罩等医药用品,预防传染病或应对突发状况。如个别学生有生理上的疾病（如癫痫）,需要按时服药,教师应遵照家长的要求妥善保管学生的药品,并指导学生服药。

（三）文献资料

文献资料包括图书、光碟、教学资料等,要分类整理存放,专人管理。教育学生爱护书籍,因为文献资料是由学校分发、班级购买、爱心捐赠而来。指导学生学习制作登记卡,做好登记与借还工作,促进班级间的资源共享。

（四）教具学具

班级中的教具学具大都可以重复利用,要妥善保管。教师应提前准备好教具学具,或告知学生准备,以防造成教学时的忙乱。班主任要对常用教具学具做好检查与登记工作,及时收集学生作品,或保存有价值的教具。

（五）日常用品

特殊需要学生大都寄宿在学校,学生的日常生活用品包括洗漱用品、水杯、饭盒、衣物等,还有学习用品包括毛笔、画板、颜料、纸张、专业课服装等。班级中还有一些生活用品如开水瓶、水桶、钟表、储物柜等。班级管理者要经常教育、反复引导学生,对这些物品做到整齐有序,一人一格,安全卫生。如划定区域放置书包、雨伞等;低段学生的水杯、毛巾可以设计标识,教育学生不混用。

（六）文体用品

文体用品包括文娱用品和体育用品,如棋、牌、玩具、乐器、球、绳、毽子等。这些用品不仅丰富学生的课余生活,而且还是重要的教学资源。这类资源可安排学生管理,存放在方便拿取的地方。教育学生使用时注意卫生和安全,用后及时清洁并归还。对于低段学生来说,教室外的大型体育用品,如走步器、双杠、滑梯、秋千、蹦床等,教育学生征得教师同意后方可使用,能力有限的学生应在教师的指导下使用。

（七）信息设备

信息设备包括电脑、投影仪、手机、平板等。现代化的教育技术资源可以调动学生多种感官协同作用,提高学习兴趣,提升教育质量。这类资源通常价格昂贵,易损坏,要指定专人管理,定期维护。班级管理者要对班级成员进行培训,正确使用信息设备。2021年,教育部明确规定"中小学生原则上不得将个人手机带入校园。确有需求的,须经家长同意、书面提出申请,进校后应将手机交由学校统一保管,禁止带入课堂"。这就要求班主任做好手机的管理工作。特别是在聋校,教育引导学生正确使用手机是一项常抓不懈的工作。

（八）辅助器具

由于学生的障碍特点,特殊学校班级中还有特殊用品。如聋生的助听器、人工耳蜗、音响设备等;盲生的盲文课本与图书、视触转换仪、语音电脑系统等;沟通障碍学生的电子沟通板等;肢体障碍学生的轮椅、助行器等。班级教师应了解学生的特点和物品的性能,帮助学生正确使用和维护这些物品,教给学生妥善的管理方法,为学生购置和更换产品提供建议。[①]

任务三　特殊学校班级资料的管理

班级管理过程中会产生各种各样的资料,这些资料既是管理的过程性材料,又是班级建设的重要成果,同样是有价值的资源。

一、班级资料的含义

班级资料是指在班级管理过程中班级成员为实现班级目标产生的相关材料。班级资料具有原始性,它是班主任、学生、教师、家长等班级成员进行良性互动的第一手材料。如班级日记(日志)、家校联系本、班费开支本、班级活动照片与录像等。班级资料具有规定性,它是学校管理学生和班级的规范性材料。如学生档案(学籍)、成长袋、学业成绩、个别化教育计划(IEP)资料、班主任手册、班级计划与总结、班级荣誉等。

表10-1是广东省义务教育阶段学生学籍卡。

---

① 张文京.特殊教育班级管理与建设[M].重庆:重庆大学出版社,2017.

表 10-1　广东省义务教育阶段学生学籍卡

广东省义务教育阶段学生学籍卡

贴相片处

建卡学校：＿＿＿＿＿＿＿＿＿　建卡日期＿＿年＿＿月＿＿日

身份证号			建卡原因：新生入学（　　　）转入（　　　）		
学籍号			出生年月日		
现名		曾用名	国籍（中国公民免填）		
性别		民族	健康状况		
入队时间		入团时间	学生常用联系电话		
户口簿地址			户口簿地址变更		
家庭住址			邮码		
家庭住址变更			邮码变更		
家庭主要成员	姓名	称呼	工作单位		联系电话
义务教育经历	何年何月至何年何月		在何学校接受义务教育		证明人

转学、休学、复学、辍学、出国记录				
注销学籍时间		注销原因（打"√"）	（一）已毕（结、肄）业；（二）已升学业或转学进入其他学校就读；（三）年满18周岁已经不在本校读书；（四）已经死亡或被宣告死亡或被宣告失踪。	
学籍管理员			教务处审核人	

二、特殊学校班级资料的分类

由于特殊学校班级所处地域不同、各班级的学生障碍类别不同,在班级资料方面会有各自的具体情况。本书根据班级资料服务对象的不同,把班级资料分为学生资料、班主任资料以及其他资料三类。

(一)学生资料

学生资料是全面反映学生基本情况和学习情况的资料,主要包括学生的基本资料(如姓名、性别、出生年月、家庭情况、受教育情况、户口信息、障碍类型与等级等)、学生的健康资料(如医院的诊断报告书、服药的情况、体检报告等)、身体部分功能的测查鉴定资料、教育诊断、课程评价结果,每学期的试卷(如语文、数学、美术和手工制品等)、学业成绩单、个案报告书、学生的个别化教育计划(IEP)资料、学生的作业、日记作文、优秀作品、病事假条,以及学生班级活动的照片、录像、音像资料等。

例如,学生档案是学校管理的重要工作,班主任要高度重视。学生档案是指本校在学生管理活动中形成的,记录和反映学生个人经历、德才能绩、学习和工作表现的,以学生个人为单位集中保存起来,以备查考的文字、表格及其他各种形式的历史记录。新接班的教师可通过学生档案,了解学生的成长过程,做好管理工作。

(二)班主任资料

班主任资料主要指记录班主任对该班级进行教育教学或管理的资料,包括班级管理计划与总结、班级活动计划与总结、每日班务记录(班级日志)、班会资料、教学计划、教案、课程表、教学总结、教研记录、学生行为记录、家长联络簿、家长培训和咨询记录等。

下面以徐州彭城铜山区大许镇板桥小学的班级日志为例①,说明班级日记的栏目。班级日志可由班干部轮流填写,以记叙为主,多角度反映班级生活,反馈班级日常管理情况。

---

① 彭城教育网.班主任手册和班级日志检查:铜山区大许镇板桥小学[EB/OL].

表 10-2　班级日志

第___周　___月　___日　星期___　　值日班干部_____　　班主任查阅签字_____

出勤情况	时间	迟到同学名单	旷课同学名单	请假同学名单
	上午			
	下午			
安全情况				

文明守纪情况	节次	科目	教师	课堂纪律			主要情况简记
				好	中	差	迟到、说话、被老师批评和表扬等
	第 1 节						
	第 2 节						
	第 3 节						
	第 4 节						
	第 5 节						
	第 6 节						
	早操						
	眼保操上						
	午休						
	眼保操下						
	课外活动						

卫生情况	个人卫生	教室卫生	清洁区卫生

表扬批评	
值日总结	

（三）其他资料

在班级管理中还有一类资料是与班级管理工作密切结合的资料，它保障了班级的正常运作。除学生资料和教师资料外,还有一些其他资料,如财务资料(班费管理等)、班级物品登记资料、各种班级管理制度、学生行为规范纪律、墙报、来访人员登记、学生服药记录等。

例如,班费管理是班主任工作的一项职责。班级管理者要熟悉国家法律法规,如《中华人民共和国义务教育法》规定"学校不得违反国家规定收取费用,不得以向学生推销或者变相推销商品、服务等方式谋取利益"。因此,班费的收取数额与支出要征得学生、家长的同意,班费尽量由学生或家长代表负责保管,要求账目清楚,手续齐全,及时公示。在班费的收入方面,教师可以组织学生开展勤工俭学活动,如收集废品、参加学校内的公益活动等。

三、班级资料管理的原则和方法

对于班级资料的管理,特殊学校可以借鉴普通学校的管理方法,同时,兼顾特殊学校的特殊性,结合特殊需要学生的实际能力,灵活运用。下面介绍几种常用的原则和方法。

(一)资料管理应当全面准确

特殊学校的班级资料收集要尽可能全面,减少遗漏,并且应当真实记录实际情况。尽管班级资料繁杂,但以学生、教师、管理三大类来管理则会条理化。班主任要在日常工作中用心观察,尽可能收集涉及各个方面的资料,不能只凭个人好恶来收集或记录。还可以多听取家长或同行专家的建议,注意收集与学生全面发展相关的资料。对于一些现在看似不重要,但过后可能很有用的资料,要留心收集。只有这样管理资料才能树立起全面准确的意识。

(二)资料管理应该有连续性

班级资料只有保证其连续性才能真实反映班级和学生的情况,才能看出一个班级发展的辛苦而曲折的历程,再加上特殊需要学生的教育过程时间更长,行为问题更具体,更需要资料的连续性。班级资料的连续性还为后接班级的教师提供有用的第一手资料,保证了管理的连续性,提高了管理效率。若班级教师或班主任发生变化,原班主任应当把班级资料交接给新班主任,切不可当作私有物品,随意处置。在交接时,一些重要的资料,如班费剩余,还需双方签字认可。若班级里的学生发生变化,则学生的个人资料应随学生带到新的学校或班级,保证其评估和教育资料的完整性和连续性。若对个案研究有帮助,教师应当在征得家长同意的情况下复印学生的资料,存档备份。[①]

(三)资料应定期分类整理

随着班级的逐步发展,班级资料会越来越多,加上涉及面比较广,需要定期分类整理。一般是一个月,或期中,或期末,根据资料的性质灵活选择。切忌把所有资料混在一起,杂乱无章,难以快速查找和利用。教师可准备一些记录本、文件袋、文件夹,将各类文件和资料分类整理归纳,并在封面标注好资料的类型、内容和日期。如果时间允许还可编制资料目录,便于查找。班级资料保留一定时期后,还应做调整工作。如一个学期结束或一个学年结束,班主任可根据班级具体情况,以时间顺序或主题顺序,对部分资料重新归类与装订。对于学生个人的资料,如作品,可以选择一些重要且有代表性的资料留存,其余的发还给学生。一些不重要的资料,如病事假条,可以不再留存。

(四)资料要充分利用并做好保密

特殊学校班级资料对教师的教学和班级育人活动有重要的指导作用,班级管理者不能简单地认为这些材料只是例行公事,不能只存不用,不去挖掘班级资料的教育价值。应当充分地利用这类资料,经常查看,进行分析,对各类资料做比较研究,找到资料本身之间的本质联系,准确地把握特殊需要学生的需求和实际情况,不断反思并检查教育教学活动,发现问题,总结经验,探索求新。特殊学校班级资料可能会涉及学生及家庭的隐私,班级管理者应当注意这些材料的保密性,不得随意透露给无关人员,学生的照片或录像未经本人或家长的同意不得随意展示。

(五)资料尽量数字化

班级资料大多是纸质的,这样方便班级成员参与资料的记录与收集,但在保存和整

---

① 张文京.特殊教育班级管理与建设[M].重庆:重庆大学出版社,2017.

理上,可以尽量利用信息技术,让资料存放数字化,提高资料管理效率和利用率。如拍照留存、建立文件夹归类、刻录成光盘等。另外,手机小程序还可以进行数字化的资料收集与整理,如学生健康打卡、到校情况反馈给家长等,班级管理者应当多利用信息技术,让班级管理工作智能化。在数字化保存资料时,要定期对文件进行备份,一旦意外发生时可以正常使用资料;要对涉及个人隐私的资料加设密码,保证安全性。

本章小结

本章主要学习了特殊学校班级环境、班级资源和班级资料的含义与分类以及管理原则或措施。在学校环境中,班级环境是其子系统,突出其客观性;班级资源则是对环境的进一步利用,突出班主任的主观能动性;班级资料则是班级资源的一小类,主要指与班级管理有关的材料。本书把班级环境分为物理环境和社会心理环境,重点介绍了物理环境的结构因素和管理原则,以便班主任合理安排,获得环境育人效果。班级资源主要指教室资源和信息资源,教师要充分认识班级资源的作用,能结合实际针对不同类别的资源采取科学的管理方法。在特殊学校班级管理过程中产生的班级资料,既是过程性资料,也是班级建设的重要成果,班级管理者应当全面准确记录,定期分类整理,保持连续性,做好保密性工作,尽量使资料数字化,以便充分利用资料。

讨论与探究

1.特殊学校班级环境的结构因素有哪些?

2.特殊学校班级环境管理的原则是什么?

3.特殊学校班级资源主要指哪两类? 班级资源有哪些作用?

4.特殊学校班级资源管理的原则是什么?

5.请结合特殊学校班级中具体的某类资源,说一说对其管理的措施和方法。

项目十一　特殊学校班级活动的管理

　　本章重点讨论班级活动的意义、分类与特点,组织原则和阶段。针对特殊需要学生,详细说明班会课的重要性,班主任要高质量完成班级例会和主题班会。另外,要结合学生实际,根据学校的整体安排组织好晨会活动、文体活动、科技活动等。组织班级活动通常要遵循安全性、目的性、针对性、多样性、易操作性、整体性六个原则。尽管班级活动重在设计及实施,但设计及实施的前提是对班级活动意义、特点及组织班级活动的原则的深入了解。在学习过程中,应将理论部分与实践部分紧密结合,用理论去指导班级活动的实践。

学习目标

1.掌握特殊学校班级活动的意义与特点,了解班级活动的类型。

2.掌握组织班级活动的原则,了解班级活动的选题、准备、实施、总结四个程序。

3.熟悉特殊学校班会活动的类别与内容,能结合事例组织某一类主题班会。

4.结合事例,能就某类障碍学生班级制订恰当合理的班级活动计划与方案。

任务一 特殊学校班级活动的特点与组织

班级活动是以班级为单位开展的集体活动,是班级活力的体现。广义的班级活动是指在教育者的组织和领导下,为实现教育方针和培养目标,完成学校的教育工作计划,组织班集体成员参加的一系列活动。① 狭义的班级活动是指在班主任的组织和领导下,为实现班级管理目标,而开展的各种系列活动,主要包括班级例会、主题班会以及其他各类活动。本书的特殊学校班级活动是狭义的班级活动,即依据特殊需要学生的特点,班级管理者开展的系列集体活动。

一、特殊学校班级活动的意义

特殊学校的班级活动是班集体建设的重要途径,是班级教育的重要载体,为学生全面和谐发展提供实践的条件。班级活动因活动内容的丰富性、活动形式的多样性深受学生的喜爱,在教育过程中有其独特的意义,发挥着课堂教学所不能代替的作用。

(一)促进学生全面和谐发展

特殊学校班级管理的目标是促进学生德智体美劳诸方面全面和谐发展,班级管理者据此开展丰富多彩、扎实有效的班级活动,为特殊需要学生的健康成长打下坚实的基础。形式多样的班级活动,可以使学生既动脑动口,又动手动脚,全身运动,有助于其身心健康发展,从中受到审美教育和劳动教育,培养良好的生活适应能力。内容丰富的班级活动,可以满足学生交往的需要,使其在交往中培养起健康的、丰富的感情,进而学会处理各种人际关系。在班级活动中,班主任及教师可以根据学生的兴趣、爱好和特长组织活

---

① 张作岭,宋立华.班级管理[M].3版.北京:清华大学出版社,2019.

动,实施因材施教或个别化指导;还可以发挥学生的主体作用,由学生自己来设计、组织、管理,培养学生的独立工作能力。

（二）丰富学生的精神生活

特殊需要学生在学校生活,不仅仅只有学习活动,还有康复训练、思想道德、社会交往、生活技能、体育、劳动、娱乐等方面的活动,共同构成学生精神生活的全部。班级活动能够从多个方面满足学生精神生活的需要。在诸如集会、科技、体育、文艺、参观、实践、公益类的班级活动中,学生可以获得多种情绪体验,使其身心愉快、积极奋发、充满自信、陶冶情操、磨炼意志,满足自我发展的要求。精神生活的核心是价值观,特殊学校班级活动应当培养学生正确的世界观、人生观、价值观,注重社会主义核心价值观的培养,使之真正成为特殊需要学生精神生活的核心内容。

（三）有助于形成良好的班风

正确的舆论和良好的班风不能仅仅靠教师的口头语言来形成,还需要通过扎实有效的班级活动来促成。只有让学生参与到班级事务的管理中,成为班级活动的组织者、参与者以及活动效果的检验者,学生才能以议论、褒贬等形式肯定或否定集体的动向和集体成员的言行,形成正确的班级舆论。进而助长班级中健康和进步的因素,促使好人好事不断涌现,引导更多的学生努力向上,积极进取,克服和遏制消极和错误的言行,激发他们的荣誉感和责任感,维护集体的利益,巩固集体的团结,形成良好的班风。

（四）有助于建设良好的班集体

因为特殊需要学生个体差异大,加之班级人数少,所以班级管理者更需要精心设计各类班级活动,促进其正确认识个人与集体、个人与他人的关系,培养集体主义精神和对集体的责任感、义务感。班级管理者要结合本班实际情况,依据班集体发展目标,组织相应的具体活动,尽量让每一个学生都参与其中,使学生从活动中获得对集体的贡献感,感受到自己是班集体中的一成员。只有在活动中特殊需要学生才能实践习得行为规范,才能丰富情感世界,才能感受到集体的存在,进而促进学生间的交往、团结,形成良好的班集体。

二、特殊学校班级活动的特点

特殊学校班级活动的特点与普通学校的基本相同,主要有以下五个方面。

（一）自愿性

尽管班主任或教师根据管理目标组织了班级活动,要求全体学生参与,但在班级活动内容、形式、时间、场地等方面可以由学生根据自己的兴趣、爱好自由选择,自愿参加。尤其是在活动过程中,教师可以施加一定的影响,进行必要的指导,但不能做硬性规定,更不能强迫命令学生去完成。所以,班级管理者在设计班级活动时,要充分考虑特殊需要学生的选择性,设计合适的活动内容或方法。

（二）差异性

班级活动参与的主体是学生,但特殊需要学生的生理障碍、兴趣、爱好、才能等又是各不相同的,这就表现出参与主体的差异性。班主任在开展班级活动前,要善于发现每个学生身上的"闪光点",并根据学生的差异,设计适合他们的活动,以充分发挥每个学生的潜能与特长。另外,在别的班级开展效果好的活动,照搬照抄到自己班级可能就会无效果,这就表现出班级活动组织者也有差异性。班主任在设计班级活动时,一定要结合本班实际情况和教师个人的素质来设计。

（三）广泛性

班级活动的广泛性主要体现在内容的丰富性上。只要符合学校实际、满足教育要求、具备条件的活动,都可以纳入班级活动中。如聋校的手语演讲、口语演讲、舞蹈表演、文体活动等,盲校的演讲比赛、才艺展示、手工制作等,培智学校的故事表演、生活技艺比赛、模仿表演等都是很好的班级活动内容。

（四）自主性

班级活动的自主性主要体现在学生的独立自主性上。在特殊学校高段或中学段的班级,班级活动的组织方法一般是由学生自己组织、自己设计、自己动手操作的,教师起引导作用而不是主导作用。在低段班级或培智学校,尽管学生无法独立自主完成,但班级活动是在教师引导和帮助下来突出学生的主体地位,也体现出教师的自主性和学生的能动性。

（五）灵活性

班级活动的灵活性主要体现在活动的组织规划和形式上,规模可大可小,形式灵活多样。从组织的规模看,有全班、全年级乃至全校性的集体性活动;有各种小组的活动,也可是个人的活动。从具体的活动方式看,可根据学生的障碍程度、年龄特征、知识水平、设备条件以及指导力量等,采用多种多样的形式。如手工劳动、文艺表演、社会实践、普特融合、各类讲座、心理团体辅导等。[①]

三、特殊学校班级活动的组织

开展有意义的班级活动,既是教育的艺术,又是一门学问、一门课程。尽管各类特殊学校班级活动在目标、内容、方法、形式上不一样,但要想取得良好的预期效果,就需要遵循一些基本的、共同的活动原则,了解活动组织的各个阶段,以保证班级活动的整体水平和质量。

（一）特殊学校组织班级活动的原则

特殊学校组织班级活动通常要遵循安全性、目的性、针对性、多样性、易操作性、整体性六个原则。

1.安全性原则

安全性是组织班级活动的第一条原则。只有以安全为前提才可以进行下一步教育;只有保证安全,孩子们才可以快乐地在特殊学校成长。特殊学校应十分重视对学生的安全教育、自我保护教育,因为特殊需要学生的自我保护意识淡薄,极易发生意外。所以特

---

① 张作岭,宋立华.班级管理[M].3 版.北京:清华大学出版社,2019.

殊学校开展各类活动应该分工明确、责任明确,建立安全管理领导小组,将安全工作分配到人。进行班级活动时,班主任为第一安全责任人。班主任需要及时了解每一位特殊需要学生的身心发展特点,熟悉学生的特异体质。同时要检查班级活动场所内的各项公共设施及活动用具的安全。涉及活动场所较大,人员参与较多时,可安排班干部、科任教师作为安全员等,保障学生活动的安全。

2.目的性原则

特殊学校开展班级活动的目的在于实现班集体的奋斗目标。因此,组织班级活动一定要有目的、有计划地进行,要寓教育于活动中,寓学习于活动中,最大限度地发挥班级活动的作用,而不是随意地、盲目地为搞活动而活动。从活动的内容上讲,特殊学校班级活动的内容反映出来的教育思想一定要符合新时代社会主义的教育方针,符合特殊学校教育规律,使特殊需要学生德智体美劳全面发展;从活动的环节上讲,在激发动机、活动准备、活动实施、活动总结这四个环节中都要注意体现和突出活动的目的。

3.针对性原则

特殊学校开展的班级活动要有针对性,主要体现在要针对本班学生的发展需要、要针对班级存在的问题、要针对影响学生的社会现象三个方面,这样才能取得最佳效果。如刚升入初一的学生,不懂得学习方法的转变,可开展初中学习方法的讲座活动;高中段的学生对专业或职业以及未来的选择茫然,可以开展职业规划系列活动;学生中出现随意浪费、糟蹋学习生活用品等现象,可组织学生观看相关电影或进行勤工俭学活动。

4.多样性原则

特殊学校开展的班级活动要丰富多彩,在内容、形式、组织方式方面要多种多样。因为学生普遍活泼好动,求知、求新、求美、求乐,班级活动唯有丰富多彩、新颖出奇,才能满足他们的需要。多样性在活动内容上可以是学习活动、文艺活动、体育活动或思想教育等;多样性在活动形式上可以是手工制作、朗诵比赛、文艺演出、校外实践等。例如,中秋佳节班级活动,可以安排赏月、歌舞表演、民间传说、即席演讲、谜语竞猜、吃月饼等多种形式;可以有集体进行、小组活动、社团活动、家庭活动等组织方式。

5.易操作性原则

易操作性是指班级活动的开展要根据本班、本校、本地现有的条件开发活动资源,要考虑班级学生的精力、经验以及现有条件的限制,规模、频率要适当。尽量让全体学生都能亲自参与到活动中。班级管理者组织班级活动时,对于日常活动要"短、小、实",形成自动化操作。短,即时间短;小,即解决小问题;实,即解决问题要实际,要有实效。

6.整体性原则

整体性是指班级活动的内容、活动的全过程、活动的教育力量都要成为一个系统,用整体的教育思想指导整体的教育活动,达到教育目标实现的整体性和学生身心发展的整体性的最高境界。[①] 班级管理者一定要让班级活动系列化,用德育主线贯穿起来,切忌随意性和盲目性以及形式倾向,这样会让学生感到无所适从。班级活动从内容看,要整体考虑德智体美劳诸方面的活动,使学生得到多方面的教育和发展。从全过程看,整体活动和个别活动是辩证统一的,既要成事也要成人。从学期或学年来看,各活动之间也应有一个系统性和连贯性的安排。从教育力量看,班级活动要尽可能地发挥学校、家庭、社会的整体教育功能,使班级活动由封闭转为开放,有效地提高教育的效果。

(二)特殊学校组织班级活动的阶段

一个成功的班级活动,如同实施一门课程一样,一般要经历选题、准备、实施、总结四个阶段。

1.选题阶段

组织班级活动,选题是第一步。选题是指活动内容主题的选择和确定。班主任选题时要考虑班集体奋斗目标和班集体建设计划,注意班集体的现实情况,注意学校教育计划和教育活动安排。在此基础上,班主任可以与班级成员协商讨论,听取大家的意见。经过讨论后,进行归纳,确定大致内容,初步商量活动如何进行。最后征求全体学生的意见,确定活动主题。

2.准备阶段

选题确定之后,进入班级活动的具体准备阶段。准备阶段主要包括制订具体的活动计划,撰写活动方案,准备活动所需用品,考虑活动相关人员等事项。

---

① 张作岭,宋立华.班级管理[M].3版.北京:清华大学出版社,2019.

　　活动计划应该包括活动的目的和内容、基本方式、组织领导、时间安排、具体准备工作、地点、总结等,这些都要明确具体分工,谁总体负责,谁负责宣传,谁负责对外联系,谁负责组织发言,谁负责布置会场,谁做主持人等,都应有人牵头,将组织工作落到实处。另外,除了制订活动计划与撰写活动方案外,还需要考虑与活动相关人员协商工作安排事宜,以及活动用品的准备情况,以免在实施活动时产生失误。

3.实施阶段

　　实施是班级活动过程的中心环节,是活动全过程的关键阶段。有了前期充分的准备,则班级活动按计划进行即可。班主任应当关注活动全过程,为后续的总结阶段提供充实的观察结果和感想。

　　此阶段需要注意班级成员的精神状态和可能出现的干扰因素、偶发事件等。尽力为班级活动营造良好的氛围,使学生处于积极向上的精神状态,以保证活动顺利完成。例如,有人对活动抱怀疑态度以致说风凉话,或者是出现了某种偶发事件,引起情绪波动等,就需要班主任及时处理,调整大家的心理状态,使干扰降到最低限度。活动进行的过程中,可能会出现一些如突然停电、准备好的材料找不到、邀请的主讲人迟迟未到等问题,这时就需要班主任果断决策,对原计划进行灵活调整。除非出现使活动不得不停止的事情,否则应妥善处理偶发事件,继续进行活动。

4.总结阶段

　　总结阶段是大家最容易忽视的阶段。班级活动的总结阶段是指班主任运用科学的方法,对已经做过的工作进行评价,肯定成绩、总结经验、指出缺点,进而明确下一个活动应努力的方向。总结的方式多种多样,最基本的方式是在班级活动结束时,由班主任作发言,对活动作一个简单扼要的评价。也可以根据班级学生的实际情况,让学生代表发言总结。或者是通过开小范围的座谈会、写活动总结、发反馈意见表、开全班总结大会等方式请学生对活动进行评价。还可以通过让学生记日记、写作文、出手抄报、出黑板报等形式进行总结。也可以利用多媒体信息技术来总结班级活动,推送给家长或同行,扩大影响面。

任务二　特殊学校班会活动

班会是特殊学校最为基础的班级活动,是班级育人的主要方法之一。由于特殊学校的学生生源复杂,他们存在着这样或那样的生理缺陷,所以帮助他们明辨是非,健康成长,积极融入社会,形成正确的人生观、价值观、世界观,是班会活动的核心目标。班会课由班主任负责,一般为一个课时,直接排在课表中。班会活动根据组织的严密性可划分为班级例会与主题班会两种。不论哪种形式的班会,其活动目的都是服务于班级管理目标。

一、班级例会

班级例会是指班主任定期召开的全班学生的会议,主要是班务工作安排与总结,班级民主生活会等内容。班级例会一般每周召开一次,针对班级成员一周的实际表现进行总结,开展表扬和批评,交流思想,具有常规性特点。如通知学校的工作安排,分析班级日常工作的不足与优势,反馈课堂学习纪律与行为规范养成等问题,具有事务性特点。还可以发挥学生的主体作用,与学生民主协商班级问题的处理办法,与学生一起制定班级规章制度,让学生间开展表扬与批评,形成民主、团结、共进的班风。

班主任召开班级例会前,要做充分的准备。对会议的目的、内容、流程与方法要做到心中有数,使会议具有很强的针对性。班级例会不宜占用正常的学习时间,时间不宜过长,间隔时间要合理,要讲究效率和效果。切忌把班级例会变成班主任一言堂,或一味打压、训斥学生的会议,使班级成员笼罩在"压迫"氛围中。

二、主题班会

主题班会是以学生为主体,以班主任为主导,围绕某一主题有计划、有目的地开展的形式多样、内容丰富并且情境化的班集体活动。[①] 从定义可以看出,主题班会明显不同于班级例会,一是围绕主题,要求内容集中。二是形式多样,要求情境化,让学生有"代入感"。二者的相同点是由班主任负责,占用班会课时间。主题班会的主题可以根据教育目标、年级特点、班情、学校中心工作、重大节日、国家大事、学生生活问题、偶发事件等来选题。下面依据班会主题的内容类别,详细介绍七种常见的主题班会。

(一)节日性主题班会

节日是有特殊意义的重要日子,它属于中华优秀传统文化,积淀了我国深厚的文化底蕴和人文精神,蕴藏着宝贵的思想道德教育资源。特殊需要学生要融入社会,就要详细了解传统文化,掌握节日的行为规范,增强中华民族的归属感。

特殊学校开展的重大节日活动有清明节、助残日、六一儿童节、端午节、教师节、中秋节、国庆节、重阳节、元旦节等。班主任应当抓住时机,整合资源,巧妙设计,灵活开展思想道德主题的班会活动,让学生在活动中体验每一个节庆日所蕴含的人文、历史、环境、人生价值观念。如清明节组织学生到烈士陵园扫墓,进行爱国主义、理想主义教育;端午节组织纪念屈原的活动,培养学生爱国主义精神。父亲节、母亲节可开展感恩教育活动,让学生们帮父母做一些力所能及的事情,如给父母发一条短信、道一声祝福等,既能增强父母和学生的沟通与理解,又能培养学生孝敬父母的良好品质。

(二)问题性主题班会

问题性主题班会是针对特殊需要学生中普遍存在的共性问题而设计的教育性较强的主题活动。特殊学校有聋生班、盲生班、培智学生班、孤独症学生班等,还有小学、初中、高中不同的学段,因此班级学生在学习、生活和成长过程中,不可避免地会出现各种

---

① 张作岭,宋立华.班级管理[M].3 版.北京:清华大学出版社,2019.

问题。如缺乏自信、自闭、厌学等心理问题,青春期的早恋、叛逆等问题,学习方法与学习效率等问题,师生关系、同学关系、亲子关系等人际关系问题,个人与集体和社会的关系等问题。班主任应针对这些问题确定主题,开展有实际意义并有效的主题教育。

(三)模拟性主题班会

体验是特殊教育的一种重要形式,更是特殊需要学生最为实用的一种参与形式。情境模拟可以为学生提供一定的参与空间,让其有深刻的体验,进而培养其良好的行为习惯。因此,班主任可以根据一定时期的教育要求,以模仿某种具体的生活情境为主题,让学生在不同的环境下扮演不同的角色,以增强学生的内在体验,从中接受感染、启迪、教育。如同学之间出现矛盾,模拟当时的情境,让学生换位扮演,就能很好地化解矛盾。模拟性主题班会一般分为虚拟情境式和实拟情境式两种。如《对校园欺凌说不》模拟欺凌现象就是虚拟情境式,《遵守交通规则》模拟交通警察就是实拟情境式。

例如,为了帮助低年级学生养成观看文艺节目时遵守纪律的习惯,中山市特殊教育学校智力部一年级(2)班专门设计了主题为"做个文明有礼小观众"的班会课。[①] 通过本节课的学习和课堂上角色转换游戏当中的真实体验,班上学生能在以后学校的演出中做到文明有礼,不乱跑、不吵闹,知道一个节目结束时给予掌声,服从老师的安排。

(四)知识性主题班会

知识性主题班会是以传授知识或知识应用巩固为主的班会活动。这类主题班会在特殊学校也比较常见,因为特殊需要学生的信息储备相比普通学生而言,非常少。班主任可以寓教育于文化科学知识的学习过程之中,用知识来充实活动,使特殊需要学生既能受到深刻的教育,又可获得一定的知识。如以"成语接龙""我最喜欢的一本书""祖国之最""绘画我最棒""诗歌朗诵""数独冲关""预防传染病""防溺水""历史人物展演""课本剧"等为主题活动,既丰富学生的知识,又能让学生从中受到感染教育。

(五)即兴式主题班会

即兴式主题班会是针对教育实践过程中具有突出教育意义的偶发事件而设计的主

---

① 汤剑文.缺残也能成仙:中山特校发展之路[M].北京:中国轻工业出版社,2015.

题班会活动。在特殊学校班级管理中,经常会遇到各种突发事件。班主任要有"化危机为机遇"的意识,从日常管理和教育工作中出现的意料不到的偶发事件中,看到对学生进行教育的有利时机。要善于运用这种危机,抓住这些有利的教育时机,对学生进行及时而有针对性的教育,如"今天我感到温暖""今日食堂见闻""某某某违纪之我见""学生出走之危害"等。

（六）实践性主题班会

实践性主题班会是以学生在参加实践活动过程中受到的教育为主题举行的班会。其最大特点就是学生与社会生活实践实现零距离接触,通过亲手操作和亲身体验,直接掌握第一手资料,面对面地去认知和体验社会。例如公益活动、科技制作活动、劳动活动、参观访问、调查研究等,学生非常喜欢,可以使其了解社会、了解生活,提高其实践活动能力。但这种活动需要较多的人力和财力,班主任一个人可能无法完成,需要整合教育力量,如利用学校的集体活动,家长组织,任课教师或专业人士的帮助等。

（七）时事性主题班会

时事性主题班会是针对国家或本地区出现的最新热点话题或大事件设计主题班会。如学生睡眠、手机管理等,班主任要结合本班实际情况来选择时事,而不是依据外部社会热点来选。另外,学校会从宏观方面紧跟国家的重大时事统一安排班会活动,此时,需要班主任发挥主观能动性,联系学生实际,以小切口切入班会,贴近生活,感受深层次的教育意义。

任务三　特殊学校各类班级活动的设计与实施

除了班会课活动外,特殊学校还有其他类别的班级活动,如晨会、文体、科技等活动。新时代的学校教育越来越强调课程的综合性,所以班级的各类活动一般都围绕学校确立的主题而设定,根据学校活动方案进行班级活动的再设计,再深入。下面对班级晨会活动、班级文体活动、班级科技活动的设计与实施做简单介绍。

一、班级晨会活动

在学校管理中,一般都要求班主任跟班管理学生。在培智学校,班主任的办公桌就直接安排在了教室。作为班主任,走进教室,晨会开启了一天的班级管理工作。作为学生,晨会是一天学校生活的序曲。顾名思义,晨会就是早晨把学生集中起来开会。特殊学校的晨会一般为 10 分钟左右,是活动课程的组成部分,正式排入课程表。晨会内容一般分为两个方面:固定性的项目和根据临时需要增加的内容。固定性的项目可由学校统一规定,也可由班级成员协商确定,如背诵、讲故事、课外阅读、集体游戏、模仿表演等。临时性的内容无法预先设计,由班主任根据班级内的突发事件和学校临时要求来确定。

虽然晨会时间短,但是晨会对于每一个学生、对于一个班级却有重要意义。组织好晨会活动,可以帮助学生愉快地开始新的一天,帮助班级拥有一个极佳的开始局面。针对特殊需要学生,为了让学生在晨会中获得丰富的营养,班主任可选择新鲜活泼的内容,采用多种灵活的形式,开展以学生为主的妙趣横生的活动,让晨会充满鲜明的色彩和扣人心扉的魅力。如故事是学生喜闻乐见的形式,可以组织学生讲故事,讲趣闻;盲校可以组织学生唱一些健康的歌曲。

班主任组织晨会活动一般有三种形式,第一种形式是组织学生参加全校性的晨会活动,如升旗仪式、收听收看学校广播等。班主任的管理任务主要是保证参加活动的人数,维持纪律。第二种形式是按照学校规定的晨会活动栏目组织活动。班主任的管理任务主要是结合本班实际,选择有针对性的活动内容,开展活动。第三种形式是班主任完全自主地安排活动。班主任的管理任务主要是依据班级教育目标和工作计划,安排活动内容,应当提前一周精心设计好具体的活动方案,开展活动。

下面以山东省威海市特殊教育学校启智一班的晨会活动流程为例[①],供大家借鉴。

1.师生礼貌问好。

---

① 威海市特殊教育学校.2017(下)启智一班晨会活动方案[EB\OL].

2.学生之间礼貌问好。

3.放好书包,挂好衣服。

4.(个人)一日活动课程表。

5.晨会记录表。

(1)自取个人晨会记录表。

(2)填写晨会记录表。

今天是____年____月____日。
星期____。
天气____。
现在共来____名学生。
今天早上我吃的是_____。

(3)晨会记录表归位放好。

6.集体互动。

(1)找朋友。

(2)击鼓传花答题。

(3)钻山洞。

7.收纳、整理玩具。

二、班级文体活动

班级文体活动主要是指文艺活动和体育活动,班级管理者组织学生开展健康的文化艺术娱乐活动,目的是发展学生的美感、健康体魄和健康心理品质。班级文体活动是班集体教育的经常性形式,为学生提供了自我展示的舞台,既能提高能力,又能发展个性,还能陶冶情操。在特殊学校开展班级文体活动有特别重要的意义,它不仅对学生的身体发展有很大的意义,而且对智能的发展也有重要的影响,可以使学生认识周围环境,发展思维,培养主动性、创造性,在克服困难中养成集体主义品质。

班级文艺活动有联欢会、文艺演出、集体舞蹈与歌咏比赛等。班主任要培养、挖掘学生的文艺才能,给其当众表演的机会,锻炼能力。集体舞蹈活动深受聋生的喜爱,能活跃班级气氛,有效调节学生的情绪,有益身心健康。歌咏比赛活动比较受盲生、培智学生的欢迎,可选择一些熟悉、易于传唱的歌曲组织学生活动。

班级体育活动项目则比较多了,可以是健身性活动,也可以是竞技性体育活动。竞技性体育活动比较复杂,活动的人数和规则都有严格的规定,如学校运动会的规定项目。健身性体育活动则没有竞技性活动那么严格,在人数和规则上比较随意。班主任可以根据本班学生的情况组织田径类(主要是走、跑、跳、投四种运动形式)和球类(篮球、足球、羽毛球、乒乓球等)体育活动,在活动中可以加入生活技能、劳动技能的运动方式进行活动,也可以加入其他文化知识进行活动,以增强活动的趣味性。

三、班级科技活动

班级科技活动是指以班级为单位进行的科技活动。新时代,科技已经融入并改变了社会生活的方方面面。国家颁布并实施了《中华人民共和国科学技术普及法》,目的在于普及科学知识,提升学生的科学素养。特殊学校班级科技活动会有很多限制,比如学生不同的生理障碍,认知水平有限,操作能力受限等等,所以特殊学校班级科技活动方案的设计要满足不同特殊需要学生的情况。怎样把当代先进的科学思想和特殊需要学生的心理需求结合起来,激发学生积极主动参与科技活动,是编制科技活动方案中的一大难题。

科技活动方案一般有学年或学期活动方案、具体的一次活动方案两种。学年或学期科技活动方案是学校整体安排的科技活动方案,如学校的科技节。具体的一次科技活动方案是负责人如教师或班主任对一项具体科技活动的安排,如认识助听器、助视仪,消防器材、手机的使用等。在设计活动方案时,首先要考虑与学生学习生活密切相关的科技活动,搜集学生能接受、能参与的科技资料与知识背景材料。其次要深入研究学生,考虑本班学生的实际需要,从他们的生理状况、心理情况、知识水平、能力现状、个性特长等方面组织活动,让活动充实有效。

本章小结

综上所述,特殊学校班级活动是特殊需要学生在离开家庭教育活动后,在新的班级环境中作为班级成员参加的一系列活动。本章首先从班级活动的一些基本理论如班级活动的定义、意义、特点及分类出发,进而阐述组织班级活动的基本原则和阶段。在此基础上,重点论述了一些典型的班级活动,如晨会、班级例会、主题班会、文体活动、科技活动等的设计及组织实施,并提供了参考案例,以期对开展具体的班级活动有所帮助。另外,特殊学校班级活动的设计、方案等格式不拘一格,鼓励创新方法、模式,丰富特殊需要学生各类班级活动的内容,帮助学生健康快乐地成长,搭建步入社会的坚固桥梁。

讨论与探究

1.特殊学校班级活动的定义是什么? 开展班级活动有哪些意义?

2.班级活动的特点是什么?

3.特殊学校组织班级活动的原则是什么? 组织班级活动要经历哪四个阶段?

4.特殊学校班会活动分为哪两大类? 常见的主题班会有哪几种?

5.请结合事例,谈一谈如何组织某一种主题班会。

项目十二　特殊学校班级文化的管理

　　本章旨在阐明班级文化的内涵以及结构上的分类,包括物态文化、制度文化、行为文化、心态文化四类,"润物无声"的班级文化有自己的特点,发挥着凝聚、约束、激励、同化功能。与此同时,班级文化还具有管理手段的内涵,因此,特殊学校班级文化管理有自己的特殊性,需要遵循育人性、生活性、主体性、可操作性、循序渐进原则。特殊学校班级管理者应当熟练掌握班级心态文化管理的一般方法,如环境熏陶法、励志训练法、榜样示范法、小组团队管理法、班级活动渗透法、学生自我教育法等。作为班级文化整体特征表现的班风,是特殊学校班级文化管理的重点。

学习目标

1.掌握班级文化的内涵,以及结构上的分类。

2.理解班级文化的特点,掌握班级文化的功能。

3.明确特殊学校班级文化管理的内涵,掌握文化管理应遵循的原则。

4.熟悉特殊学校班级心态文化管理的方法。

5.了解特殊学校优良班风的特点,掌握特殊学校优良班风的建设策略。

任务一　班级文化的内涵与特点

文化是人类在社会历史发展过程中所创造的物质财富和精神财富的总和。作为校园文化重要组成部分的班级文化同样包括物质文化、制度文化、行为文化、心态文化四个方面的内容。[①]　班级文化是一种无形的教育力量,发挥着"潜移默化、润物无声"的功效。

一、班级文化的内涵

简单地说,班级文化是存在于班级内部的,由班级成员有意识、有计划地创造出来的物质财富和精神财富的总和。班级文化依据广义文化的分类,可以划分成多种类别。从结构上分类,有物态文化、制度文化、行为文化、心态文化四类;从显隐性上分类,有显性文化和隐性文化两类,也有学者分为"硬文化"和"软文化"。

班级的物质文化主要是指班级的硬件设施等物质基础,如教室建筑、课桌椅布置、教学设备、学习生活设施等。作为学生学习生活的重要场所——教室,如何构造出一种适宜于教育和学习的教室环境,以及如何保持教室环境的干净整洁,是班级物质文化建设的重要内容。

班级的制度文化主要是指班级规章制度、班级规范、班级组织机构、班级管理模式等方面,它重点突出班级管理的规范化、制度化等特征。如班级制订的学习、纪律、卫生、值勤、奖惩等各种制度。班级的制度文化是学生遵守社会规章制度的基础,因此,班级制度文化的本质内涵是"执行、监督、制衡",促使学生养成遵纪守法的自觉性。

班级的行为文化主要是指班级成员相互交往时所表现出来的行为特点,它包括班级约定俗成的学习习惯、生活习惯、交往习惯等。班级行为文化还表现在日常的交往礼仪

---

① 罗越媚.班级管理理论与实践[M].广州:暨南大学出版社,2015.

上,如进校礼仪、升旗礼仪、尊师礼仪、上课礼仪、社交礼仪、就餐礼仪等。班级的行为文化与班级的制度文化紧密相关,其本质是要求学生用班级规章制度来约束自己的一言一行,使自己的言行既符合个人利益,又符合集体利益。

班级的心态文化主要是指班级的思想意识、价值观念、思维方式、情感态度、审美情趣等,它是通过班级成员的心理和观念表现出来的,反映班级心理和班级价值观念的精神性特征。有学者把班级的心态文化细化为观念文化和心理文化。[①] 班级观念文化特指班级的信念体系,如价值观、人生观、道德观等;班级心理文化特指班级的心理氛围,如归属感、荣誉感、团结友爱、和谐民主等。班级的心态文化是班级文化建设的核心,班级管理者可从班级理念、人际关系、群体意识、班级舆论、班风、学风等方面进行建设。

二、班级文化的特点

班级文化是班级组织文化,它对学生的教育不像知识传授、道德说教和行政命令那样立竿见影,而是一种无形的教育力量,具有潜隐性、动态性、导向性、实践性、多元性、创造性特点。

(一)班级文化的潜隐性

班级文化的潜隐性表现在两方面,一是班级文化的表现形式具有潜隐性,潜藏在班级成员的思想意识、行为习惯、班风、舆论及班级成员的人格中,只有通过班级学生的言谈举止、待人处世以及对班级活动的参与程度等,才能看出一个班级的文化发展水平、发展方向及其对班级学生的影响力度。二是班级文化的作用形式具有潜隐性,班级文化对学生的影响是在潜移默化中产生和发展的,班级学生在班级环境中受到感染和同化,产生一定的情感体验,使其作出一定的判断和选择,这些主要也是在非自觉的、无意识的过程中实现的。[②]

① 林冬桂.班级教育管理通论[M].广州:广东高等教育出版社,2008.
② 林冬桂.班级教育管理通论[M].广州:广东高等教育出版社,2008.

（二）班级文化的动态性

班级文化是一个动态、渐进、发展变化的过程。因为班级文化是在班级成员的活动和交往过程中逐渐发展和丰富起来的，是一个不断积累和不断完善的过程。加之，班级成员的个人价值观、生活态度、思维方式和行为方式受多种因素的影响，也是一个动态发展的过程。

（三）班级文化的导向性

班级文化的导向性是指班级文化体现着班级的整体风貌，代表着班级的价值取向和行为趋向。班级的价值取向代表着班级文化发展的方向，引领着班级成员的行为。班级文化反映了大部分班级成员的行为模式，潜移默化地引导学生的行为，促进其行为习惯的形成。建设良好班级文化的最终目的是促进学生健康全面发展，因此，班级管理者要以积极的、健康向上的价值观和审美观来培育班级文化，用理性和感性的沟通方式，帮助学生形成健康、乐观、自信的价值追求。[①]

下面是北京董剑梅老师的班级公约(三叶草班徽)。[②] 董老师用孩子的眼光看世界，将价值引领融入班级公约。

三叶草逐梦公约

你可以成为更优秀的自己。

爱国，从高唱国歌开始；

文明，从对人微笑开始；

感恩，从问候师长开始；

健康，从坚持锻炼开始；

担当，从捡起垃圾开始；

自信，从积极发言开始；

勤奋，从认真书写开始；

---

① 张作岭,宋立华.班级管理[M].3 版.北京:清华大学出版社,2019.

② 董剑梅.创建班级生活场,为学生营造成长乐园[J].班主任,2021(7):9-12.

节俭，从爱护文具开始；

友谊，从用心倾听开始；

宽容，从说没关系开始；

成功，从有错必改开始。

（四）班级文化的实践性

班级文化的实践性是指良好的班级文化体现在班级的具体活动中，是以班级成员的行为为载体来表现的。班级文化建设的合适与否，要由实践来检验，只有符合实际情况的班级文化才是有效的，也才能形成自己的班级特色。班级文化建设重在践行，重在行动，重在行为，离开了"行"，班级文化建设就成了"坐而论道"。

（五）班级文化的多元性

班级文化的多元性是指班级文化具有丰富的来源，它是把具有不同家庭文化背景、不同社区文化背景、不同性格、不同气质的学生结合成一个集体，形成一个"文化生态圈"。但是班级文化并非由各种文化直接拼凑而成，而是在班级整合功能的作用下对各方面文化进行有机整合，形成自己独特的文化体系。班级文化的多元性还指文化对学生影响的多元化倾向，其中有积极文化，也有消极文化；有制度文化，也有非制度文化；有主流文化，也有非主流文化。

（六）班级文化的创造性

班级文化的创造性是指班级文化的建设必须从本班的实际情况出发，创造性地进行，照抄照搬他班文化，或者盲目跟风、随大流，没有自身特色，这样的班级文化没有生命力。

三、班级文化的功能

班级文化是班级成员为共同的学习生活创造出来的，而人是环境的产物，班级文化对学生的健康成长发挥着重要的功能。班级文化的功能具体体现在以下几方面。

（一）班级文化的凝聚功能

班级文化作为一种团体文化,可以把班级成员紧密地团结在一起,使学生明确目的、步调一致。班集体可通过丰富多彩的活动为每一个学生的特长提供展示的舞台,学生因此而寻找到自己为班级作贡献的途径,从而体验到一种为班级作出贡献后的喜悦和兴奋,这种喜悦和兴奋反过来又转化为学生进一步提高自己的动力。班级文化还寄托着班级成员共同的理想和追求、情感和价值,激发学生产生使命感、自豪感和归属感,进而形成强烈的向心力、凝聚力。

（二）班级文化的约束功能

班级文化的约束功能主要通过班级的规章制度、行为规范、习惯礼仪、舆论导向来体现。班级管理中,哪些行为不该做、不能做,哪些行为应该做、应该鼓励,体现了文化的约束作用,这样班级就形成了一套规范体系。而规范体系会成为一种强大的力量,使班级成员都能自觉地约束自己,让自己的行为符合班级共同的规范与价值观念。

（三）班级文化的激励功能

现代心理学证明:人越认识自己行为的意义,行为的社会意义就越明显,也就更能产生行为的强大推动力。班级文化所形成的价值导向是一种精神激励,让被激励者觉得自己确实做得不错,能发挥出自身的特长和能力。在一种"民主、平等、尊重"的文化氛围中,班级学生的贡献会得到及时肯定、赞赏和奖励,就会有极大的荣誉感和责任心,自觉地向更高目标努力。

（四）班级文化的同化功能

班级文化对班级成员具有同化其思想观念、行为方式的作用。学生之间的从众、服从、感染、认同、模仿和暗示等心理效应是班级文化具有同化功能的心理基础。人的自我认识也不可能只通过自身来完成,需要借助他人的参照,只有在与他人的相处中才会完成自我认识。而班级恰好是学生成长的重要参照,在人的归属需要和从众心理的作用下,班级成员相互影响,相互作用,形成了同化合力。

任务二　特殊学校班级文化管理原则与方法

从班级管理的角度而言,班级文化还具有作为管理手段的意义。此时,班级文化是为了达到管理目标而采取的管理手段。因此,班级文化管理是指以某种价值、心理等精神文化为导向,对班级特定的教书育人目标产生匹配作用的柔性战略管理手段。①

一、特殊学校班级文化管理的原则

特殊学校班级文化管理的内涵是以班级成员共同创造的班级文化作为管理的手段,为特殊需要学生营造积极、健康、安全、无障碍的学习环境,以集体的力量去克服困难,排除障碍,让每个学生内在的潜力都能得到自主、充分而又生动的发展,进而实现班级管理目标,提高特殊需要学生的生命质量。根据特殊需要学生的障碍类型,特殊学校班级文化管理应当遵循以下原则。

（一）育人性原则

特殊学校班级文化管理应充分利用班级现有的物质文化、制度文化、行为文化、心态文化资源,有计划、有步骤地对特殊需要学生施以教育影响,培养学生高尚的思想品质和良好的道德情操,引导学生树立正确的残疾观、世界观、人生观、价值观,形成文明和谐、奋发进取、互助友爱的班级氛围,进而达到"潜移默化、润物无声"的育人境界。

（二）生活性原则

特殊学校的学生都面临着如何更好地融入主流社会的迫切任务,因此,特殊学校班

---

① 张作岭,宋立华.班级管理[M].3 版.北京:清华大学出版社,2019.

级文化管理应当尽量从学生的生活实际出发,从学生的康复教育出发,创设无障碍的班级环境,给予特殊需要学生更多的生活实践经验,培养其生活技能,提高社会生活质量。

（三）主体性原则

尽管特殊学校学生的障碍类型多样,但他们成为一个班集体时,学生作为班级主人的地位就确立了。特殊学校班级文化管理要充分发挥学生的主体性,全员参与班级文化的建设。特殊学校班级管理者应当抛弃学生保姆、看护者的陈旧观念,带领全班同学,用自己的智慧和双手来布置教室,美化环境,开展以学生为主体的班级活动。因为班级文化只有得到了全体班级成员的认可,班级文化管理才算达到目标。

（四）可操作性原则

尽管特殊学校班级管理的目标都是依据党和国家的教育方针与政策来制定,根据特殊学校的育人目标来确立,但在班级文化管理中一定要结合自己班级的实际情况,从学生生理、心理和认知特点出发,组织可操作、可量化的各种班级活动,寓教于乐,使学生在学习中体验,在体验中提高,在提高中成长。

（五）循序渐进原则

不同年龄阶段的班级,不同障碍类型的班级,其班级文化建设的目标略有差异,因此特殊学校班级文化管理要营造符合此年龄段学生个性发展需要、充满关心爱护、多数学生容易达到的班级文化氛围,从低到高,逐步展开,不可急于求成,一步到位。在经历了半个学期或者更长时间的适应期后,特殊学校班级管理者还要对原有班级文化的某些方面作必要的修改,以保证班级文化的凝聚、激励、同化功能。

二、特殊学校班级文化管理的方法

对于特殊学校而言,学生的特殊教育需要,在班级文化管理上有其特殊性。特殊学校班级的物质文化、制度文化与行为文化建设可以更多地参考普通教育学校的班级文化管理方法,在文化管理目标设置上要结合学生的障碍类型和康复教育需要,既不能迁就学生放任自流,也不能好高骛远不切实际,要扎实做好班级硬文化的建设工作。特殊学校班级的心态文化由班级观念文化和班级心理文化组成,因此,在管理方法上,应尽量杜绝对学生使用命令性的工作方式,切忌空洞教条式的思想理论说教,要在尊重差异、严爱相济的基础上,努力实现管理与教育并重,感性与理性并存,指导与引导相结合,做到以理服人,以情动人,达到班级文化"润物无声"的育人效果。

下面重点以特殊学校的班级心态文化建设为目标,谈一谈特殊班级文化管理者可以使用的一些方法。

(一)环境熏陶法

环境熏陶法是指创设一个有利于特殊学生身心健康成长的显性和隐性文化环境,尽量减少残疾障碍给学生带来的不便,努力增加特殊学生潜能发挥的机会,使其在潜移默化中接受教育的方法。特殊学校班级环境的布置重点考虑无障碍环境的设置,无障碍环境的本质也是让班级成员自由安全地行动和使用环境资源。如培智班级的奖励物、荣誉作品等要让学生能仔细观察到,盲校班级的声音提示要清晰且温馨,聋校班级的规章制度要简洁明了以便适合听障学生的阅读能力。特殊学校班级管理者要利用一切有利于学生健康成长的文化,创设一个团结友爱的好环境,使学生在环境的熏陶下自觉与不自觉地接受教育。

(二)励志训练法

励志训练法是指通过制定契合特殊需要学生的康复教育目标,或运用残疾人士的励志故事与成长经历,训练学生树立正确的残疾观、理想追求、价值观、人生观,以及坚强的毅力、顽强的斗志和做事的恒心。特殊学校的学生,长期处于家长的溺爱或放任之中,社会人士的同情与可怜或歧视与漠视中,加上家长、亲人、教师经常包办他们该做的事,使他们对自身残疾的认识不正确,对自身的学习要求不严格,缺乏切合自身成长的理想追求,缺乏掌握生存本领与职业技能的强烈欲望,缺乏克服逆境与困难的坚强意志与能力。在面对班级中的学业困难和人际交往困难、生活困难和康复挫折时,特殊需要学生经常不能使用积极正确的方法去处理。因此,特殊学校班级管理者协助特殊需要学生正确地面对残疾与障碍、社会与人生,正确地认识自我与他人,成为班级文化管理的中心内容。

（三）榜样示范法

选择与特殊需要学生认知水平相当的典型人物或学习榜样,容易使其引起强烈共鸣,产生号召效应,从而影响班级成员形成"跟着学、跟着做"的良好局面。特殊学校班级管理者要充分挖掘班级和学校中榜样人物的现实意义,形成正确的导向;也可以收听收看典型人物的事迹或邀请典型人物做报告,领略典型人物的风采,了解典型人物的成长过程,在感性认识的基础上,与班级成员进行讨论交流,达成共识,形成积极向上、弘扬正气的德育导向;还可以选择高年级的学生、优秀毕业生、身边某一特长出众的同学作为班级成员学习的榜样,让学生看得见、摸得着,感觉更亲切无压力,发挥榜样的激励示范效应。同时,还可以制定相应的班规,凡为班级争得荣誉的同学均在班会课上进行隆重表彰,形成集体荣誉感。

（四）小组团队管理法

事实表明,学生的人际交往技能在团队中成长比单独个别教育要迅速。虽然特殊学校的班级成员人数比较少,一般在 10 人左右,不像普通学校班级人数多,但班级管理者应当考虑小组或团队在班级文化建设方面的作用,小组成员的人数以实际需要来定,一般 3 至 5 名为宜。在聋校和盲校可以组织兴趣小组,在培智学校可以组织特奥项目小组,还可以成立先进带后进的手拉手小组,成立遵纪守规或良好行为习惯的竞赛性小组,为学生的健康成长营造一种和谐融洽、团结友爱的心理氛围。

（五）班级活动渗透法

班级活动渗透法就是把德育渗透在愉悦身心的丰富多彩的活动之中,以寓教于乐的形式完成班级文化建设目标。特殊学校班级管理者在设计班级活动时,应当考虑班级文化建设的长期性和连续性,要充分利用学生的班会或课外活动时间,组织开展成系列的各种生动有趣的文娱活动,每一学期或一学年尽量以一两个主题串联起来,让班级文化建设有迹可循。特殊需要学生特别喜欢参与游戏性的活动,班级活动中应尽量穿插游戏性活动,调动学生的积极性,在享受乐趣的同时达成班级文化建设目标。

（六）学生自我教育法

自我教育法是指在教师和家长的启发引导下,青少年按一定的道德原则和规范自觉地进行自我教育、克服不良思想行为,以形成良好思想品德的方法,包括自我鼓励、自我指导、自我锻炼、自我评价等方法。因为这种方法是建立在自我意识基础上的,所以比较适合中学段的特殊学生,或自我意识比较强烈的学生。特殊学校班级管理者要激发、调动学生的主体意识,唤起他们的自我情感与兴趣,激励自我自觉地进行班级活动,推动自我的发展与完善。

任务三　特殊学校优良班风的建设策略

班风是指某一班级的精神面貌和整体氛围,体现了班级文化的总体特征,是班级的一种人格化表现。因为优良班风一旦形成就对班级所有成员都有一种制约作用,所以优良班风的建设是班级文化管理的重点内容。

一、特殊学校优良班风的特点

尽管班风是对一个班级特点的抽象表述,让人难以捉摸,但由于特殊学校班级成员之间具有相近的心理发展水平、个性特点、同一类障碍的康复教育需要,而且班级的物质文化、制度文化、行为文化已经形成较高的整体性和一致性,因此特殊学校的班风具有明显的特点。

（一）班风具有共同的价值取向

价值观是人们对事物的有用性进行评价,并以此评价来指导行为,如特殊学生读书是否有用,残疾障碍能否康复,特殊学生的生活技能能否完全掌握,等等。如果班级成员能得出积极肯定的评价,就会形成良好的学习风气。共同的价值取向可以通过班级的口号、班训、班徽、班级公约、班级规章制度等方面来体现。

图 12-1 是云南省玉溪市特殊教育学校听障 2013 级的班徽。它以打开的书籍、飞翔的鸟来表达"友爱、感恩、勤奋、乐学"的价值取向。

图 12-1　班徽

（二）班风具有可体验性

班风表现出类似人所具有的个性特征与品质,因此它具有可感受、可体验的特点。如一个同学来到某一班级,很快就会感觉到这个班级的氛围;教学两个以上班级的教师也能体验到不同班级的特点。班风的可体验性表现在情感上的热情活泼,行为上的好学自律,态度上的积极向上,环境上的干净整洁等。

（三）班风具有可衡量的指标

在特殊学校班级管理中,班风可以通过具体化的、可操作化的、可观察的指标来评价。衡量班风的维度有价值观念、班级制度、行为习惯、物质环境。[①] 例如安徽省阜阳市特殊教育学校"班级文化墙评比方案"用整体环境(20 分)、布置内容(50 分)、两侧墙(20 分)、特色创意(10 分)四个指标来评价物质环境。

---

① 　罗越媚.班级管理理论与实践［M］.广州:暨南大学出版社,2015.

二、特殊学校优良班风的建设策略

优良班风建设需要整体规划,在做好班情分析的基础上,确立奋斗目标,注重言传身教,通过恰当的方式培育班风。特殊学校优良班风的建设可以有两种模式,一种是归纳模式,先创造扎实的班级优势和特色,然后提炼班级精神,即"先做后说";另一种是演绎模式,先提出班级精神,然后依此创造班级优势和特色,即"先说后做"。

下面谈一谈适合聋校、盲校、培智学校班风建设共性的具体策略与步骤。

（一）营造正向的班级气氛

在学生进入教室之前,特殊学校班级管理者就要营造出正向而有利于学习生活的班级气氛。

（1）明确规范。如班级制度、班级公约、班级作息或运作程序。规范制度要高度结构化、可预期,并让学生明确规范定义和彻底执行规范的奖惩办法。下面是江西省景德镇市特殊教育学校某班级的公约。以简洁为要,很适合特殊学生的认知水平。

班级公约

上课要认真,作业按时交

举止要文明,卫生保持好

纪律要遵守,上课不迟到

（2）确保安全。如座位的安排、物品的放置、功能性活动区的划分、学习材料的取放等事项,以尽可能地减少学生的挫折和不愉快,避免不必要的冲突、破坏、攻击或伤害,引导学生合理使用教室和材料,同时应制订危机干预计划,以及时处理危害性行为。[①]

（3）确立目标感。让学生知道教室的功能和规则,知道每天努力的小目标和前进的方向,为他们设立个别化的学业与康复目标。

（二）构建良好的师生关系

良好的师生关系可以让学生形成对教师强烈的喜爱情绪,这种情绪具有固定化、持

---

① 郭启华,刘文雅.关于正向行为支持理念下培智班级管理问题的思考[J].现代特殊教育,2017(20):31-35.

续化、依赖化的特点,学生愿意接受教师的教育,也就是"亲其师,信其道"。

（1）接纳尊重。特殊学校班级管理者首先要接纳每一名有特殊需要的学生,公平、一致、专业地对待学生,构建相互尊重和支持、关心与爱护的师生关系。

（2）沟通了解。特殊学校班级管理者应尽可能多地抽时间接近、了解学生,找机会关怀、帮助学生,与学生交朋友,对学生进行感化和熏陶,潜移默化地培养学生积极健康的思想情感,从而提高他们的思想觉悟和道德水平。

（三）严格执行的日常管理

特殊学校班级的日常管理任务本身就比较重,对优良班风建设而言,班级管理者要清醒地认识到特殊学校班级的日常管理贵在持之以恒,严格执行。

（1）养成行为习惯。特殊学校班级管理者要管理好学生每天的学习、纪律、卫生、饮食、休闲、就寝等日常事务,通过互相督促、评价、训练,加强学生的行为习惯养成,提高学生行为的文明程度。

（2）树立正面导向舆论。特殊学校班级管理者要培养学生正确的认识,告知一些基本的道理,提高学生辨别是非的能力。尤其是要督促班干部、少先队员、团员起好带头作用,以确保班集体舆论朝着积极、健康的方向发展。教师一定要坚持正面教育为主的方向,努力形成"好事有人赞,坏事有人管"的舆论导向,禁止训斥、挖苦、讽刺学生,更不能全面否定学生。

（3）培养自省习惯。特殊学校班级管理者可根据特殊需要学生的接受能力,摆事实、讲道理,也可以用一些特殊的方法达到讲道理同样的效果。如培智学生的班级,在每天的晨会上,班主任应尝试着问问学生:昨天我为班级做了件好事吗? 我帮助了谁? 这些问题,能够引发学生的思考与讨论,这也是培养学生自省习惯的好方法。[1]

（四）培养积极的心理品质

特殊学校班级管理者应当从不同障碍类型学生的心理需求出发,真正从心理上和学生在一起,了解学生,关怀学生,帮助学生,培养其积极、健康、向上的心理品质。

---

[1]　彭敏.特教学校班级文化建设的思考与探索[J].新课程研究(下旬刊),2013(9):171-172.

（1）开展团体心理辅导。残障类学生需要对自己的残疾障碍有一个科学、正确的认识，需要掌握必备的生活技能和社交技能，需要切合实际的职业规划，在教育康复、情绪稳定、正确认知、坚强意志等心理素质方面有共性的需求，特殊学校班级管理者可利用班会或班级活动适时开展团体心理辅导。

（2）重视个别辅导。特殊学校班级中不可避免地存在一些需要个别心理辅导的学生，班级管理者要多留意学生的进步或闪光点，密切关注此类学生的情绪变化，适时开展个别辅导。若问题严重，要积极寻求专业人士的帮助。

（五）开展多彩的班级活动

特殊学校积极开展丰富多彩的班级教育活动，可以提高班集体的凝聚力，班级的精神面貌会焕然一新，是优良班风建设最易出彩的措施。下面仅仅以三个主题来列举活动。

（1）战胜自我，体会成功。如根据学生的特长进行绘画、篮球、足球、舞蹈、书法、音乐、歌唱等兴趣小组的班级展示活动，或生活技能、劳动技能、职业技能等的班级展示活动，有意识地展示学生的进步，体会成功的喜悦。

（2）卫生健康，锻炼意志。如依据学校的作息和工作安排进行晨跑、课间大活动、运动会、卫生评比、生活自理竞赛等活动，有意识地让学生克服懒惰、拖沓、退缩等不良行为，锻炼其持之以恒的毅力。

（3）家校合作，懂得感恩。如根据班风建设的整体规划开展家校合作的亲子游戏、社会实践、人格辅导、人际交往与沟通等活动，有意识地培养学生的社会适应能力。

本章小结

本章主要学习了班级文化的内涵以及结构上的分类，包括物态文化、制度文化、行为文化、心态文化四类，其中心态文化是班级管理的核心，也有学者称之为班级精神文化。班级文化具有潜隐性、动态性、导向性、实践性、多元性、创造性等特点，需要班级管理者与班级成员共同创造，以便发挥凝聚、约束、激励、同化功能，而不是简单地照搬照抄。班级文化作为管理手段时，特殊学校班级文化管理有自己的特殊性，需要遵循育人性、生活性、主体性、可操作性、循序渐进原则。班级管理者应当熟练掌握班级心态文化管理的一般方法,如环境熏陶法、励志训练法、榜样示范法、小组团队管理法、班级活动渗透法、学生自我教育法等。在做好班情分析的基础上,整体规划特殊学校优良班风的建设,确立奋斗目标,通过日常管理和丰富多彩的班级活动,以教师的言传身教与学生的积极参与来培育优良班风。

讨论与探究

1.班级文化的内涵是指什么？班级文化包括哪些方面？

2.班级文化的特点有哪些？

3.班级文化的功能有哪些？

4.特殊学校班级文化管理应当遵循哪些原则？

5.作为特殊学校班主任,对班级心态文化管理的方法有哪些？

6.特殊学校优良班风的建设策略或步骤有哪些？

项目十三　特殊学校班级突发事件的处理

本章旨在阐明特殊学校班级突发事件及其成因,明确妥善处理突发事件的基本原则,明确突发事件的处理和善后需要讲究方法和艺术,明确处理突发事件,不仅要掌握班级管理的方法,还要在日常的管理实践中不断反思、不断研究和不断创新,以提高管理者的技能。还需明确突发事件善后一定要处理好班主任、当事学生、其他学生与当事学生家长之间的关系。

学习目标

1.掌握特殊学校班级突发事件的类型与特点,了解突发事件的成因。

2.熟悉特殊学校班级突发事件处理的原则,掌握班级突发事件处理的方法和艺术。

3.了解特殊学校班级突发事件的善后教育以及处理过程。

4.了解不同类型特殊学校突发事件的处理案例。

任务一　特殊学校班级突发事件和成因

总的来说,特殊学校由于学生情况复杂,突发事件的发生呈现频率高、类型多且原因复杂、应对难等特点。从原因来看,有学生自身的原因、学校环境因素、教师因素、社会因素等多方面。要想成为一名优秀的班级管理者,学生爱戴的班主任,除了辛勤的日常工作管理外,还需要了解并掌握班级常见的突发事件,能够妥善地解决这些突发事件,维护班集体的正常有序运行。

一、特殊学校班级常见的突发事件

在特殊学校班级中,常见的突发事件有人际关系紧张、财物丢失、暴力冲突、情绪失控、人身伤害、出走自伤等。与其他班级事件相比,特殊学校班级突发事件对班级管理者的管理素质、专业素养等能力要求更高。突发事件如果处理不当,会给教师的管理带来困难,同时也会给学生、家长、学校以及自身带来负面影响。

(一)突发事件的定义

突发事件也可以叫偶发事件,是指突然发生的事件。突发事件是在没有任何防备的情况下意外发生的事件,这种事件对周围人及自己造成或者可能造成严重的危害,同时,也对班级环境和财物具有破坏性,突发事件需要马上采取应急措施进行恰当应对和处置。因此,突发事件具有难以预见、处置紧急、危害惨重和影响广泛等特点。突发事件在特殊学校班级里的发生率比普通学校普通班级里的要高很多。突发事件的发生会严重影响班级教学,常常会使教师感到手足无措。

(二)突发事件的分类

尽管突发事件具有偶然性,不可能提前预测到,但由于学生是在学校环境或班级环境中活动,某些事件会经常性地发生,因此常见的突发事件是可以进行归类的。从特殊需要学生活动的角度可划分为个体事件与群体事件两种。个体事件只牵涉到学生个体自身,如财物丢失、情绪失控、偷窃、出走、自伤、疾病或意外伤害等。群体事件则牵涉到他人,如学生冲突、师生对立、亲子矛盾、伤害他人、打架斗殴、欺凌或集体违纪等,这类事件大都由于人际关系紧张造成。

还有一些群体事件是由于天灾人祸造成,可以称之为安全事故,如地震、火灾、交通事故、安全事故、传染病等。本书从班级管理的角度主要介绍个体事件和牵涉到他人的群体事件，不对天灾人祸造成的安全事故做介绍。

二、特殊学校班级常见突发事件及成因

由于特殊学校班级里特殊需要学生程度越来越重，类型越来越多，因此，特殊学校班级中突发事件类型较多，原因也各不相同。总而言之，突发事件的成因主要是个体的生理障碍、心理问题、教育失策、管理失范、环境诱因等。下面分别从盲校、聋校、培智学校分析常见的突发事件及其成因。

（一）盲校常见突发事件及成因

盲生的特点是行动不便，在学校或班级活动时容易造成一些意外伤害。

(1)由于视觉障碍引发的碰伤、撞伤、彼此误伤、烫伤等事件。这种突发事件在盲校较常见。主要原因是视力残疾造成视障学生对周边环境的感知觉能力比较差，不能准确判断安全距离和环境。

(2)由于视觉障碍，盲人在饮食或用药等方面存在困难，给他们的学习和生活带来安全隐患，容易引发食物中毒或药物中毒等突发事件。因为他们看不见食物是否有过期或不卫生现象，也无法了解药物的禁忌及服用方法。

（二）聋校常见突发事件及成因

听障学生主要依靠视觉通道获取外界的信息，加之语言和思维发展迟缓，造成他们人际沟通困难，容易在人际关系方面出现突发事件。

(1)听障学生由于听觉障碍，思维长期停留在直观形象阶段，对事物的理解往往停留在表面，因此对人和事物不能深入、客观地理解，理解上的偏差往往会让他们做出一些诸如偷窃、受别人引诱而突然出走、被性侵等突发事件。

(2)听障学生独特的心理特点和思维方式，导致他们的思维比较偏激和防备心理比较严重，他们往往对别人的好意容易产生误解，或者往往因为一点小事而大打出手，因此，打架或群殴等突发事件在聋校也比较常见。

（3）听障带来的沟通障碍，导致听障学生很少与人交往，内心比较孤独，他们比较渴望友情、亲情和理解，但是现实生活中他们很难获得。因此，他们容易沉迷于网络、虚拟和隐蔽的网络空间，习惯于说假话、空话和大话，久而久之他们会形成"你不骗人，别人就会骗你"这种不正确的"共性思维"，因而聋校中诈骗或被骗等突发事件也时有发生。

（4）在流感季节等，要求人人戴口罩防传染，这种情况下听障学生在学校班级中也会面临特殊困难。比如，人人戴口罩对听障学生的学习和生活会造成意想不到的麻烦，因为植入人工耳蜗或佩戴助听器的听障学生在学习和生活中还需要依靠读唇进行交流和传递信息，即使是手语族的听觉障碍学生也仍然需要面部表情的配合才能对彼此的表情达意充分理解，而戴口罩无疑阻碍了他们的交流。遇到这种情况，学生很有可能会摘掉口罩学习和交流，而这很有可能会将学生的人身健康安全置于危险的境地，从而引发卫生突发事件。

（三）培智学校常见突发事件及成因

培智学校中有智力落后学生、孤独症谱系障碍学生、脑瘫等多重障碍的学生，由于学生类型、障碍、残障程度等差异较大，因而生理性突发事件种类较多。

（1）培智学校中有不少唐氏综合征学生，这类学生从生理上来看，大多伴有心脏病，容易出现的突发事件为突发性心脏病。

（2）由于智力障碍学生大多存在感知觉能力失调、反应慢等问题，因此容易在活动中出现肢体损伤的突发事件。

（3）由于孤独症谱系障碍学生存在沟通障碍，大多孤独症学生不具备正确表达需求的能力，因此容易出现伤人和自伤等突发事件。

（4）由于部分孤独症谱系障碍学生伴有癫痫症状，因此突发癫痫事件在培智学校也比较常见。

（5）由于部分智障学生先天体质比较弱，也有部分学生患有癫痫，有的家长还故意隐瞒病史，因此容易出现晕厥、抽搐、哮喘、低血糖、头疼、肚子疼、发烧、大小便失控等突发事件。

（6）由于智力低下，培智学校学生遵守课堂规则的意识和能力欠缺，因此容易出现大声喊叫、随意走动、与同学争执撕扯、相互推拉等突发问题。

（7）孤独症谱系障碍学生有刻板行为问题,当有陌生人进入或出现更换教室场地等问题时,容易诱发孤独症学生过激情绪而出现失控失态行为等突发事件。例如,破坏教室财物、损坏同学书籍或文具等。

（8）由于培智学校学生大多认知水平低,理解能力差,缺乏安全意识且自我约束能力差,因此容易出现过度追逐嬉戏打闹行为,做出一些超越自己身体能力范围的危险动作,从而引发受伤或伤人等突发事件。

（9）由于教师专业能力或责任心欠缺,对培智学校学生的学习特点了解不透彻,不能合理安排教学内容,或者在教学过程中不能规避安全风险,因此教学过程中容易出现突发事件。例如,特殊体质的学生对体育项目有禁忌,教师却不知道,从而引发人身伤害等意外事件。

任务二　特殊学校班级突发事件的处理和善后

班级突发事件纷繁复杂,班主任和管理者要能够透过表面看到问题的实质,并抓住问题的关键环节,灵活变通,当机立断地处理各种问题。[①] 尤其在突发事件处理的过程中要考虑到家长等相关人员也是处理问题的关键所在,因此,教育机制和教育艺术的合理选用、专业知识技能的熟练运用等都是妥善解决突发事件所必不可少的技能。

一、特殊学校班级处理突发事件的原则

特殊学校由于其学生本身的特殊性,突发事件处理需要遵循相关原则,在处理突发事件过程中,如果措施正确,方法得力,则事半功倍,如果处理方法简单粗暴,则可能激化矛盾且扩大事态。因此,特殊学校班级管理者在有效处置突发事件过程中需要遵循以下

---

① 张作岭,宋立华.班级管理[M].3 版.北京:清华大学出版社,2019.

原则。

（一）以人为本原则

以人为本原则指的是特殊学校突发事件的应急处理要遵循优先考虑救助突发事件中相关危害及受害人员的原则。特殊学校或班级要提前根据本校本班各类学生的身心特点情况制订相应的现场应急处置方案计划。在处理突发事件过程中一定要首先充分保障在突发事件中被危害及受害人员的生命安全与身心健康，同时，还必须要注意保障参与应急处置救援人员的生命安全与身心健康。在处理过程中确立了以相关人员的救助为先的原则，就可以从学生利益的角度为出发点有效避免因重视财产保护而忽视了学生生命安全的情况发生。

（二）预防为主、防治结合的原则

预防为主指的是针对各类特殊需要学生有可能发生的突发问题提前做好计划或规划，提前考虑好在突发事件处置过程中可能用到的各种处置手段和方法，做好防范措施。要想战胜突发事件，必须做好主动的防范，在平时采取科学的预防措施，尽可能消除各种隐患，避免突发事件的发生。特殊学校和班级的管理者要时刻树立预防意识并建立预案，完善突发事件应急管理体系，在突发事件爆发时，能够及时启动应急方案，方便从容应对，避免事件恶化或失控。很多事实证明，与被动应对相比，主动预防大大提高了教师的应急处置能力。另外，针对那些突发事件发生可能性特别大或曾经发生过的学生，要在平时有针对性地采取必要的手段进行治疗，才能真正做到防治结合。

（三）冷静理智面对的原则

当发生突发事件时，班主任或别的管理者一定要保持冷静理智的心态，以理智的态度客观分析突发事件发生背后的原因。同时，头脑中积极调动事件相关人员的各种信息以及专业技能，以便对突发事件的严重程度和发展趋势有科学的预测，从而做到心中有数，以运用有效的方法和措施进行应急处置。

（四）果断快速的原则

果断快速的原则适用于处理急性突发事件，只有这样才能控制事态的发展。如果在突发事件发生之初能够及早介入并迅速采取果断措施应对，就能尽可能使危害程度降低，反之，如果拖的时间较长，就会错过最佳处理时间，导致事态扩大或恶化。尤其是一些群体性突发事件，更应该当机立断，快速行动，积极处置。

（五）标本兼治的原则

一旦班级学生发生了突发事件，班级管理者要深刻反思事件的表现与根源，既要解决问题的表象，又要从根本上杜绝问题的产生，这就是标本兼治原则。班主任要想彻底避免突发事件的再次发生，平时一定要对特殊需要学生各方面疾患和问题行为了如指掌，一定要掌握相关的应急处理技能，以防反弹，才能真正做到标本兼治。

（六）信息公开的原则

特殊学校有些突发事件的发生，其原因来自学生的监护人，比如有的父母故意谎报或瞒报孩子的健康状况。因此，要劝告家长将孩子的各个方面信息公开、真实地告知学校老师，同时提供孩子的相关医疗证明等资料备案，才能防患于未然。另外，班主任在处理突发事件时，要尽量获取客观真实的信息，对学生或他人传递的信息做客观分析，不能偏听偏信。处理过程中，要将涉及班级其他成员情绪的信息及时公开，以免谣言四起，扩大事态。

二、特殊学校班级处理突发事件的方法和艺术

突发事件发生后，或发生的过程中，班级管理者要第一时间赶到现场，对事件进行处理。结合特殊学校的实际情况，下面介绍四种处理方法与艺术。

（一）及时发现，果断抉择

特殊学校的教师和管理者需要有更强的责任心和专业的判断力，在日常教学中，要

时刻关注学生的言行举止等动态,这就可以及时发现可能出现的问题,以避免突发事件的发生或减轻其危害程度,能够为处理突发事件争取更多的时间。

对于突发事件,给予教师考虑的时间相当短暂,尤其是特殊学生在出现自伤或伤人的情况下,教师考虑如何应对的时间是极少的。这种情况下,特别考验教师或管理者的特殊教育专业能力和果断抉择的能力。例如,孤独症谱系学生突发用额头撞墙或课桌的自伤行为时,教师首先应果断地对孩子先进行身体方面的控制,可以从背后将孩子紧紧抱住,等孩子的行为反应趋向于安静时,就可以站在专业的角度,考虑用孩子爱吃或爱玩的东西引导安抚孩子停止当前的行为,直至其情绪逐渐恢复常态。当然,用孩子爱吃或爱玩的东西安抚孩子是建立在平时针对学生障碍类型、性格特征、强化物及爱好等充分了解的前提下,一般情况,这是控制和改善行为状况问题的首选方法。"软硬兼施"是教师最后的控制选择,即在情况危急或存在严重隐患的情况下,不得已运用肢体接触的方式,对学生进行肢体控制——所要做的是制止,而不是打击——以阻止其激烈行为,待其情绪进入恢复进程后,再辅以"软"的方法,使学生情绪逐渐平静,直至恢复常态。

(二)心系学生,操作有度

特殊学校教师在处理突发事件的时候要心系学生,才能操作有度。我们常说以人为本,其实就是要时刻心系学生,时刻想到班里学生的类型、程度,有何共患病等问题,这样在应对突发事件时才能做到心中有数,合理解决。比如,在培智学校体育课上,要考虑伴有心脏病的特殊学生禁忌的项目,也要考虑到体弱学生以及伴有癫痫等疾患的学生不能参加哪些体育项目。

(三)医教结合,科学应对

在特殊教育发展的过程中,特殊教育医教结合的重要性和必要性日益明显,医教结合为特殊儿童的功能补偿和潜能开发提供了更大的空间,有助于特殊儿童更好地发展自己。比如,大部分孤独症儿童共患有注意缺陷多动障碍,在多动症状比较严重的情况下,首先需要医生的介入治疗,症状有所缓解的前提下才能进行教育康复,或者共患有癫痫或心脏病的特殊需要学生,在接受特殊教育的同时也需要医疗手段的介入。因此,特殊学校与医院的合作必不可少,这样在发生突发事件的时候,就可以及时联系医疗人员进行科学指导或亲自介入治疗，帮助特殊教育老师科学应对突发事件。

（四）能力培养，纳入常规

特殊学校许多突发事件的发生是特殊孩子自身的能力不足引发的，如盲生的碰伤等事件可能是因为其定向能力不足引发的；又如，孤独症孩子的自伤或攻击性行为可能是由于其不会正常表达需求而引发的等等。因此，特殊需要学生各方面能力的培养至关重要，我们要将能力培养纳入学校班级的常规教学管理中，以能力培养为重点实施教学，可以减少突发事件的发生。

特殊学校教师要了解孩子的身心问题，掌握常见突发事件处置的基本技能，培养自己沉着、冷静、理智、果断应对突发事件的素养，不断提升和拓展自己的专业能力，增强责任心和爱心，对曾经的突发事件情况做好记录、分析原因、研究处理方法和结果等，以便积累经验，防患于未然，做一名有情怀的特殊教育工作者。

三、特殊学校班级突发事件的善后教育

特殊学校班级突发事件的处理往往只是使问题暂时得到了解决，而能够从根本上彻底解决问题，才是我们的目的。要想根本上解决特殊需要学生突发事件问题，还必须做好善后教育工作。

（一）加强师德师风教育，构建有序教学常规

要加强特殊学校教师的师德师风教育，树立牢固的师德意识，用超级的爱心、耐心、信心和恒心时刻关爱、及时关注掌握特殊学生的言行举止，真正关注特殊需要学生成长发展过程中的困境。针对不同学生及其问题，确定重点防范对象和防范环节，加强教育管理，努力将防范工作做在事件发生之前，要及时积极满足他们的特殊教育需要，将事件消灭在萌芽状态，从源头上杜绝突发事件的发生。

（二）加强家校沟通，全面掌握每个特殊学生的身心状况

教师要积极主动与家长沟通，了解学生在家里的表现，同时也要把学生在学校各方

面的表现和适应能力以及程度、学习情况与家长沟通交流。这样既可以建立彼此相互信任的良好关系,让家长更好地配合教师的教育教学,同时教师也能通过家长了解孩子日常生活习惯及行为表现和疾患等问题,获得孩子的一些潜在危险的信息,全面掌握每个特殊学生的身心状况。教师在考虑学生的身心特点的基础上,应兼顾个体之间的差异,因材施教合理安排教学内容,或对可能出现的问题提出预案,从而减少突发事件的发生。

(三)加强针对性教学,降低突发事件的发生频率

教师要时刻保持警醒的头脑,在教学中注重观察,在兼顾所有学生的同时,注意重点关注个别有严重隐患的特殊学生,尤其是孤独症、癫痫、心脏病之类的学生,有效实施一人一案和分层教学,降低突发事件的发生频率。对于中学段的问题学生,如学习问题学生、品德问题学生、行为问题学生、心理问题学生等,要重点关注他们,在平等、尊重的基础上开展针对性辅导,转化学生。

(四)完善学生健康档案和健全学校保健制度

完善所有学生的健康档案能使教师全面了解和随时跟踪学生在各个阶段的病情发展、康复情况和体质状况,同时健全学校保健制度,对预防突发事件有着十分重要的意义。比如,对有特殊体质不宜参加某些体育项目的特殊学生要在学习内容上进行变通;对心理问题学生建立辅导档案,跟踪他们的情绪变化,及时请专业人员介入辅导,预防突发事件的发生。

任务三 特殊学校班级突发事件处理案例

特殊学校面对特殊需要学生,其班级管理计划因学生的残障类型不同而不同,下面分别以听障学生班级、视障学生班级、培智学生班级为例,给出具体案例,供大家借鉴。

一、盲校突发事件处理案例

学生在学校有可能发生人身意外伤害事件,如在课间的休息、体育课或大型的集体活动中。学校教师除了提高避险意识外,还需要做好准备、应急工作。一旦意外伤害发生,要控制现场,查看伤情;安抚学生,及时就医;上报学校,联系家长;调查分析,查找原因;教育沟通,商议赔付;事后反思,完善预案。下面以体育课意外伤害为例予以说明。

(一)盲校案例介绍

某盲校,体育课上,老师带领班里视力残疾同学,在学校操场内练习队列行走。练习之前,老师将班里学生分为男队和女队两组。训练期间,老师和学生之间的距离比较远,老师发出的行动口令没有清晰地传达给学生,造成队列中的男、女学生行动不一致,使站在队列第二名的男生东东与站在队列第一名的女生丽丽发生碰撞,丽丽摔倒,右大腿受伤。其中,丽丽属于低视力,东东属于全盲。学生训练过程中没有其他相关教职人员在旁边协助体育教师训练。丽丽倒地受伤后,该校教授盲人按摩课的教师检查后,认为伤情较为严重,遂汇报校方领导,并告知双方家属。当晚,丽丽在家长陪同下来到该市骨科医院门诊救治,后又转至上一级医科大学医院,诊断为右股骨颈骨折,遂住院手术治疗,经鉴定,丽丽为九级伤残。此后,丽丽又多次住院治疗和康复训练。整个治疗期间,产生各种费用20多万元。

经过调查,在校方开展队列训练之前,丽丽的家长曾经多次提醒过学校及教师,丽丽是女生,体格比较弱小,尽量不要让丽丽走在队列前面,但体育老师并没有采纳家长的意见,因为需要丽丽站在第一位承担举班级牌子的任务。事故发生时,该盲校没有校医,只是由校内教授盲人按摩课的教师帮忙对孩子进行了紧急检查,最后还是丽丽的家长打出租车送她到医院进行抢救性治疗。在处理整个事故过程中,该盲校既没有采取有效的方法防止事故发生,也没有积极采取合理的手段措施对丽丽进行科学规范的救治,因此学校存在过错。

此后,丽丽的家长将东东以及该盲校全部告上法院,并索赔。法院终审判决:盲校需赔偿丽丽损失。

（二）盲校案例分析

在本案例中，丽丽及东东均为视力残疾的未成年人，他们对环境的感知能力都差。两人均不具备对安全距离的准确判断能力。可以说是该盲校的过错导致丽丽与东东发生碰撞，从而使丽丽摔倒受伤。因此，在本次事故中，东东是没有责任的，也不应该承担赔偿责任。另外，在参加队列行走等难度较高的活动时，校方应当为学生提供各种安全保障措施和设施，如应该有别的教师或安保人员在旁辅助训练，而且要有充足的救助人员和医疗人员，这样可以随时应对突发事件造成的人身伤害。但是，该盲校对视力残疾学生进行队列行走训练过程中，却只有一个教师，并没有配备其他任何辅助人员；而且，碰撞事故发生的时候，也没有专业的人员或医生对受伤人员进行紧急处理和救治，且送医救治是由受伤人员家长自行完成的。

通过分析，该盲校对视力残疾的未成年学生有可能发生的潜在危险认识不足，在进行训练时，老师的安保意识基本没有，没有履行好照顾和看护未成年残疾学生的职责，是丽丽受伤致残的根本原因。站在未成年人的角度来看，在学校等教育机构学习和生活期间如果受到人身伤害，是学校等教育机构的教育管理失职造成的，学校等机构应承担所有责任。在本次事故中，所有过错均在该盲校。

二、聋校突发事件处理案例

学生个体自身出现意外情况时，学校教师除了紧急处理外，还要多分析学生的身心因素和环境因素，以便准确找出诱因；及时联系家长，与家长商讨对策，视情况做医学检查；平时还要多积累科学常识、法律知识以及处理事件的程序知识。下面以晕厥事件为例予以说明。

（一）聋校案例介绍

帅帅，9岁，双耳均为重听，没有佩戴助听器，因而也没有听力补偿，智力发育正常，主要沟通方式为手语，视觉为获取信息的基本途径。

第一次在学校出现晕倒现象是在大课间操活动时间，帅帅看到老师在教室门口站着,就快速跑到老师身边,突然紧紧抓住老师的手并看着老师,然后突然晕厥过去。老师马上对帅帅采取掐人中并大声呼叫孩子的名字等紧急救助措施,大约 5 分钟之后,帅帅逐渐清醒过来并恢复正常。老师立刻给帅帅的妈妈打电话,通过与妈妈的沟通交流,老师了解到帅帅之前也发生过突然晕厥的情况。他妈妈描述第一次出现这种晕厥情况是到亲戚家做客。在亲戚家,当帅帅和其他小朋友一起玩的时候,孩子突然发现找不到妈妈了,紧接着就晕厥了。之后,相似的情景下,帅帅又发生过多次晕厥事件,都是在孩子突然找不到亲人时出现的。后来他妈妈带他去医院做了详细的检查,检查结果显示他身体健康。学校站在对孩子安全负责的角度,要求帅帅的父母带他去上一级医院复查,检查结果是一样的,没有任何病患。

后来,帅帅参加学校组织的地震逃生演练,当看到地震造成楼房瞬间坍塌以及人们慌乱逃跑的画面时,又发生晕厥;在学校升旗仪式中,当帅帅第一次作为升旗手时也发生晕厥。最终经过学校老师与相关工作者的研判,判定帅帅的情况属于一般心理问题,也就是心理紧张导致身体出现应激性反应。

(二)聋校案例分析

事件发生后,学校及时和帅帅的父母进行了细致的沟通了解,并继续观察帅帅在校期间后续发生的几次相似情景下的晕厥现象。最终,学校老师依据自己所知道的心理学知识并与相关工作者对帅帅的情况进行了科学的分析研判,客观分析了帅帅晕厥的成因首先是听障。帅帅的父母从小就对他不离左右,帅帅缺乏独自与外界环境接触的经历和经验,因而,造成了帅帅对亲人时刻依赖的习惯,一旦突然与亲近的人分离,他就会突发因不安全感导致心理紧张而晕厥的现象。其次,只要帅帅看到某些相似的危险情景或大型的、让人激动或紧张的活动就会紧张害怕从而突然晕厥。事后,学校与家长共同研究决定,由专业人员对帅帅进行系统脱敏疗法和放松治疗。帅帅的心理素质和应激能力得到了很大提升,此后,帅帅可以在身体感觉到紧张状况时,及时运用专业老师教给的方法调整自己的紧张情绪,同时有效控制自己的身体。后来,帅帅在参与学校相关大型活动或看到某些让人紧张害怕的情景时,也能有效避免晕厥突发。

通过分析,帅帅的心理素质较差,他的晕厥现象属于心理应激能力严重不足而导致心理极度紧张害怕,然后出现晕厥。学校在处理帅帅晕厥突发事件过程中的方法和措施得当,从而避免了事态的恶化或扩大。

三、培智学校突发事件处理案例

学生之间的交往容易产生一些矛盾,尤其是心智还不成熟的学生,他们解决矛盾的方法比较单一。有些是正确有效的方法,也有一些是简单粗暴的错误方法。班级管理者要留意观察学生的个性品质,坚持以人为本的原则,采取"心系学生,操作有度"的方法,教育引导学生,及时处理人际矛盾。下面以攻击行为事件为例予以说明。

总而言之,搞好学校管理,抓好安全教育是特殊学校班级管理的重中之重。特殊学校要针对特殊需要学生群体的特殊性,做出系列安全教育计划方案,让安全教育常态化;要把安全教育当成日常课程来抓,更要把安全演练作为课程的延伸,不能流于形式,要搞好学校管理,同时还要家校结合。学生入校以后,家庭教育就变成了学校教育的延伸,因此家长要密切配合学校工作,与老师共同引导学生。尤其是培智学校的管理任务和个别问题学生的管理任务难度都非常大,我们要设定具体目标,为各类特殊需要学生量身定制具体方案,使其落地。特殊学校教师要不忘初心,风雨兼程,尊重和守护生命,静待花开。

(一)培智学校案例介绍

伟伟,男,8岁,孤独症,培智学校老师发现伟伟和其他小朋友没有交流,还有自言自语和异常行为出现。在学校,伟伟会突发用牙咬别人的手或肩膀,或用手抓人和用脚使劲踢人等攻击性行为。事件发生时,老师及时对伟伟的身体进行控制并同时给他喜欢的玩具小汽车,使孩子的情绪很快平静下来。之后,老师对伟伟的家长进行了访谈,了解到伟伟的一个特殊情况,如果伟伟在某一天或某个时间受到了同学的欺负,那么第二天伟伟就会突发攻击性行为,而且次数也会增多。老师经过一段时间对伟伟的观察,证明了孩子的家长所言。老师在对伟伟观察了解和客观分析之后认为孩子的报复心理较为严重,然后老师请专业人员协助,运用应用行为分析法对伟伟进行了干预,效果良好。老师和家长还发现少数时候,伟伟的攻击性行为是为了引起别人的关注。因此,伟伟的攻击性行为功能主要是为了报复、引起关注。

（二）培智学校案例分析

伟伟的攻击性行为与当时的情景以及其行为后果有着密切的联系。老师经过观察分析，认为伟伟的攻击性行为大多时候是为了报复别人。当伟伟受到别人的欺负时，就会突发攻击性行为，或攻击性行为突发情况增多。有少数时候，伟伟的攻击性行为是为了引起别人的关注。因此，伟伟的攻击性行为功能主要是为了报复、引起关注。本案例中，老师采取循序渐进的措施，有条不紊地、理智地、合理地、有计划地进行了干预，同时，给予奖励并获得了家长的配合，对干预的效果至关重要。本案例的关键之处在于老师和家长找准了问题行为背后的真正原因，并采取了针对性的干预。

本章小结

本章主要学习了特殊学校班级突发事件的概念、分类以及成因，处理突发事件的原则、方法以及善后。班级管理者要坚持"预防为主、防治结合"的原则，果断快速处理。在处理突发事件时，要坚持以人为本的理念，采取合情合理合法的方法，妥善处理问题。聋校、盲校、培智学校三类特殊学校的突发事件，各有一些特殊性，并以案例加以说明，以便对特殊学校班级突发事件有一个比较完整的认识。要从事件中认真反思，关心关爱特殊需要学生，教育引导他们掌握正确的人际交往方法，做好善后教育工作，尽量做到防患于未然。

讨论与探究

1.特殊学校班级突发事件的类型及成因有哪些？

2.处理特殊学校班级突发事件应遵循的原则有哪些？

3.举例说明特殊学校班级突发事件的处理方法。

4.应如何做好特殊学校班级突发事件的善后工作？

5.请探讨并总结出文中案例的解决方法。

参考文献

［1］王焕勋.实用教育大词典［M］.北京:北京师范大学出版社,1995.

［2］曹长德.当代班级管理引论［M］.合肥:中国科学技术大学出版社,2005.

［3］全国十二所重点师范大学.教育学基础［M］.2版.北京:教育科学出版社,2008.

［4］张作岭,宋立华.班级管理［M］.3版.北京:清华大学出版社,2019.

［5］陈育梅.班级授课制与因材施教［J］.新乡教育学院学报,2003,16(2):23-25.

［6］朴永馨.特殊教育辞典［M］.3版.北京:华夏出版社,2014.

［7］杨建华.班级管理学［M］.西安:陕西师范大学出版总社,2012.

［8］雷诺兹,弗莱彻-詹曾.简明特殊教育百科全书［M］.2版.赵向东,等译.北京:求真出版社,2011.

［9］鲁洁.教育学［M］.南京:河海大学出版社,1999.

［10］谭英海.班级组织建设的建构主义诠释［J］.当代教育科学,2005(12):20-22.

［11］官欣荣.韦伯、米尔斯的"科层制"理论之比较［J］.社会科学研究,1995(1):51-54.

［12］孙时进,王金丽.心理学概论［M］.上海:复旦大学出版社,2012.

［13］叶青武,张瑞荣.职业人的心理困惑与心理调适［M］.天津:天津科学技术出版社,2012.

［14］李中斌,等.情绪管理［M］.2版.大连:东北财经大学出版社,2019.

［15］罗萍,殷永松,曹杏田.心理学［M］.天津:南开大学出版社,2014.

［16］袁勇志,奚国泉.期望理论述评［J］.南京理工大学学报(社会科学版),2000,13(3):45-49.

［17］方俊明.特殊教育学［M］.北京:人民教育出版社,2005.

［18］张文京.特殊教育班级管理与建设［M］.重庆:重庆大学出版社,2017.

［19］郭毅.班级管理学［M］.北京：人民教育出版社，2002.

［20］刘岩，王萍.班主任与班级管理［M］.北京：北京师范大学出版社，2013.

［21］檀传宝.德育与班级管理［M］.2 版.北京：高等教育出版社，2013.

［22］郭娅玲.德育与班级管理［M］.长沙：湖南师范大学出版社，2015.

［23］程方平.科任教师应是"副班主任"［J］.班主任，2010（6）：1.

［24］徐玉勇，武宏钧，田耘.幸福课堂的班主任技巧［M］.北京：现代教育出版社，2012.

［25］林冬桂.班级教育管理通论［M］.广州：广东高等教育出版社，2008.

［26］刘文雅，郭启华.培智班班级管理中结构化教学理念和策略应用［J］.绥化学院学报，
　　　2020，40（10）：48-52.

［27］张宝臣，林鹈鹈.班主任工作操作策略［M］.合肥：安徽教育出版社，2011.

［28］王静文.中小学班级管理制度德育功能开发的问题与对策研究［D］.重庆：西南大
　　　学，2013.

［29］许姗姗.君子不器，成己达人：班级文化育人的三个维度［J］.中国德育，2021，16（6）：
　　　70-73.

［30］车琨.新型师生关系之特点及构建［J］.长春教育学院学报，2015，31（2）：137-138.

［31］杨银.情感教育视域下特殊教育师生关系的偏倚及回归［J］.教育理论与实践，2021，
　　　41（16）：37-41.

［32］倪胜利，李虹汛.全纳教育：历史检视与实践观照［J］.西北师大学报（社会科学版），
　　　2019，56（6）：121-126.

［33］田冰冰.轻轻松松当好班主任［M］.北京：教育科学出版社，2017.

［34］田友谊.中小学班级环境与学生创造力培养研究［D］.武汉：华中师范大学，2004.

［35］汤剑文.缺残也能成仙：中山特校发展之路［M］.北京：中国轻工业出版社，2015.

［36］罗越媚.班级管理理论与实践［M］.广州：暨南大学出版社，2015.

［37］董剑梅.创建班级生活场，为学生营造成长乐园［J］.班主任，2021（7）：9-12.

［38］郭启华，刘文雅.关于正向行为支持理念下培智班班级管理问题的思考［J］.现代特
　　　殊教育，2017（20）：31-35.

［39］彭敏.特教学校班级文化建设的思考与探索［J］.新课程研究（下旬刊），2013（9）：
　　　171-172.